gutes leben

bene!

Michael Buttgereit | Wolfram Heidenreich

Über den Mut, echt zu sein, und wie Vertrauen entsteht!

Lasst uns aufhören zu *glänzen* und anfangen zu *leuchten*.

Allen, mit denen wir uns verbunden fühlen und die unser Leben begleitet haben.

Sie kennen vermutlich ähnliche Szenen aus Ihrem persönlichen Erleben: Da steht jemand vor Zuhörer*innen, strahlt in die Menge, hebt siegessicher die Arme zum Himmel und lässt sich feiern. Im Kolleg*innenkreis werden stolz Fotos von Neuerwerbungen gezeigt: Mein Haus, mein Garten, mein Schiff, mein Sportwagen, mein neuer SUV, unser Urlaubsziel (weit, teuer, wunderschön) ... Und es ist kaum zu ertragen, wie dick da jeweils der persönliche Erfolg aufgetragen wird.

Wir sind umgeben von einer Welt der grell-bunten Bilder. Überall und immerzu entfaltet sich ein Feuerwerk an Farben, Formen, Texten, Musik und Emotionen. Sie glänzen, glitzern, blinken, gieren nach unserer Aufmerksamkeit: Plakate, Werbetrailer, Social-Media-Postings und Anzeigen suggerieren uns, was wir vermeintlich zum Leben brauchen, was wir tun können, um auf andere attraktiver zu wirken und im Leben mehr Erfolg zu haben. Doch vieles ist nur Fassade, ganze Heerscharen von Marketingspezialist*innen helfen dabei, sie aufzubauen.

Wir beide kennen die Welt der Werbung und das Handwerkszeug der Marketingprofis nur zu gut. Seit mehr als 30 Jahren nennen wir uns »Positionierungsdesigner«, ein Begriff, den wir selbst entwickelt haben. Denn es geht nie nur darum, etwas »aufzuhübschen«. Es geht im Leben nicht um Glanz, sondern darum, innerlich zu leuchten. Das haben wir in der Beratung zahlreicher Unternehmen und Organisationen aber auch ganz persönlich erfahren: dass es letztlich immer um Sinn geht. Zu wissen, wofür man steht. Um Schönes, Gutes, Echtes. Da kümmern sich Einzelne oder ganze

Gruppen um diejenigen, die es nötig haben, da entstehen »Inseln des Guten«, in denen nicht Besitz und Macht zählen, sondern innerer Reichtum: Barmherzigkeit, Nächstenliebe, die Freude am Teilen.

Wozu bin ich hier? Was macht mich als Person aus? Was ist der Kern meines Daseins – und was treibt mich an? Nur indem wir dies erkennen, können wir unserer persönlichen Bestimmung folgen und so das Glück finden. In unserem Buch teilen wir unsere Geschichte(n), Erkenntnisse aus drei Jahrzehnten gemeinsamer Arbeit.

Immer wieder geht es dabei um den Kern, das, was dem Ganzen Sinn verleiht. Letztlich um die Abkehr von einem oberflächlichen Leben. Unser Credo: Lasst uns aufhören zu glänzen und anfangen zu leuchten! Denn die Welt braucht Menschen, die sich dem Guten widmen, die wesentlichen Aufgaben erkennen und anpacken, dabei ihre persönliche Bestimmung finden und leben.

Michael Buttgereit und Wolfram Heidenreich

Lasst uns aufhören zu glänzen …

... und anfangen zu leuchten

Michael Buttgereit // Offen gestanden, war ich in der Schule keine besonders große Leuchte. Zumindest attestierte man mir zweimal im Jahr, dass ich ein eher mittelmäßiger Schüler sei, wenn es Zeugnisse gab. Mein Verhalten und meine Aufmerksamkeit wurden stets sehr positiv bewertet, aber der Rest war schwierig. Mir fehlte schlicht die Freude am vorgestellten Stoff. Ich war der festen Überzeugung, meine eigenen Vorstellungen und Fantasien über die Welt und das Leben stellten Algebra und Chemie lange in den Schatten. Wenn ich meine Schulaufgaben erledigt hatte, schrieb ich Theaterstücke, erfand Brettspiele, baute maßstabsgetreue Modelle von Barockorgeln, die auch noch Musik von sich gaben. Oder ich konstruierte Segelflugzeuge, von denen eines tatsächlich so gut geflogen ist, dass es an einem Tag im Hochsommer von der Thermik erfasst im blauen Himmel verschwand.

Aber bis auf die Mitglieder meiner Familie schien kaum jemand mein schöpferisches Talent wertzuschätzen. Wie konnte ich die beiden Wirklichkeiten – schulische Anforderungen und meine Vorstellungen und Begabungen – jemals zueinander bringen?

Irgendwann hatte das System es geschafft, mich glauben zu lassen, ich sei »so ein Dreier-Kandidat«, wie meine Klassenlehrerin meine Existenz vor meinen Eltern zu charakterisieren versuchte. Irgendwann lernte ich zu glauben, dass meine Existenz darin gefangen sei und ich nichts Wesentliches beitragen konnte, um an dieser Einschätzung etwas zu ändern. Fortan begann für mich jedenfalls eine Art Doppel-Existenz: Nach außen hin erweckte ich den Anschein, dass ich mich stärker als bisher anpassen würde. Und das innere

Bild meiner Persönlichkeit mit allen Fähigkeiten und Potenzialen verblasste und verdunkelte sich. Denn ich arbeitete vor allem an meinem Erscheinen, an der Hülle, damit diese vor anderen Gefallen fand. Das glänzende Bild, das ich abgeben wollte, führte dabei unversehens in eine Erschöpfungsdepression.

Denn es blieb die Etikettierung des »Dreier-Kandidaten« – »Michael, du bist bestenfalls mittelmäßig«. Eine nicht so leicht abzustreifende Festlegung.

Erst viele Jahre später konnte ich mich in einem seelsorgerischen Prozess aus dieser Art innerer Gefangenschaft befreien. Wir alle haben Bilder von uns selbst und den Menschen, denen wir begegnen. Das, was andere über uns sagen, beeinflusst unser Leben – die Einschätzungen und Kommentare von Eltern, Lehrer*innen, Kolleg*innen, Freund*innen. Gut gemeinte Ratschläge, böse Unterstellungen, üble Zusprechungen. Und es ist sehr schwer, sich von einmal »gelernten« negativen Bildern loszusagen. Das gilt auch für die Bilder, die wir uns von Unternehmen, Organisationen oder Produkten machen. Manches glänzt verlockend, ist aber bloß ein stumpfer Abklatsch. Anderes verlockt uns zu Spontankäufen und wir stellen später ernüchtert fest, dass wir das, was wir gewählt haben, gar nicht gebrauchen können. Mehr noch, dass es uns letztlich schadet.

Und dann gibt es da diejenigen, die innerlich zu strahlen scheinen. Menschen, deren Augen leuchten, weil sie in ihrer Mitte sind. Organisationen, die leuchten, weil sie so unglaublich positiv unterwegs sind. Darum geht es in diesem Buch.

Vermutlich bin ich aufgrund meiner eigenen Erfahrung, die ich früh mit Bildern und Irrbildern gemacht habe, besonders sensibel geworden, wenn es darum geht, anderen dazu zu verhelfen, mehr zu leuchten und weniger zu glänzen, bloß einen falschen Schein abzugeben. Letztlich geht es um eine beeindruckende Einzigartigkeit, die jede und jeder mitbringt.

In Beratungsprojekten sind wir immer wieder Menschen begegnet, die Verantwortung in Unternehmen tragen, aber nicht nur selbst innerlich blockiert sind, sondern auch andere ausbremsen, weil sie in falschen Selbstbildern gefangen sind, wie ich sie erlebt habe. Seit Jahren haben sie viel Geld ausgegeben, um ihre Unternehmen und Produkte glänzen zu lassen, sich um Ansehen und Absatz bemüht. Aber dieser vordergründige Erfolg hat dazu verführt, vor allem auf den schönen Schein zu setzen, statt den Kern der Unternehmung, der Menschen, die dafür arbeiten, und die Produkte, die dabei entstehen, leuchten zu lassen. Das Bild, das einige von sich abgeben (sicherlich kennen auch Sie Menschen in ihrem Umfeld, auf die dies zutrifft!), ist teuer erkauft und mehr noch, es muss kontinuierlich aufrechterhalten und abgesichert werden. Ihre unausgesprochene Angst, dahinter würde es nichts Bedeutsames oder Beachtenswertes geben, hat über die Jahre zu der Überzeugung geführt, man müsste nur die Erwartungen anderer erfüllen, um die eigene Existenzberechtigung zu bewahren. Dabei ist in Vergessenheit geraten, dass sie über eine beeindruckende Echtheit verfügen!

Jeden Menschen, auch fast jedes Unternehmen macht irgendetwas einzigartig und attraktiv. Etwas,

was leuchtet. Wolfram Heidenreich und ich glauben zutiefst daran, dass es sich lohnt, diese Lichtquelle zu finden. Dies hat uns auch dabei angetrieben, über drei Jahrzehnte lang mit Menschen und Unternehmen auf Entdeckungsreisen zu gehen, mit dem Ziel, auf den Kern vorzustoßen. Oftmals waren damit heilsame Erfahrungen verbunden. Es ist wie eine Erlösung, die eigene Bedeutung für sich und andere erkennen zu können.

Was daraus folgt, ist beeindruckend: Die Energie verlagert sich von außen nach innen, denn es gibt keine Projektionsfläche des schönen Scheins mehr. Es entsteht maximale Echtheit und damit Leuchtkraft, Begeisterung. Was wir sagen, zeichnet sich durch Klarheit aus. Aus einem neuen Werteverständnis wird vieles leichter.

Design wird, so wie wir es sehen, zu einer gestalterischen Übersetzung des Echten und weniger zu einer Verkaufshilfe für eine vordergründige Attraktionssteigerung. Kein sich in den Vordergrund spielender Bluff, sondern ein beeindruckendes Beziehungsangebot, das geglaubt und dem Vertrauen geschenkt werden kann.

Es macht Freude, sich selbst und andere aus den Zwängen des »Dreier-Kandidaten-Status« zu befreien.

Nelson Mandela hat einst bei seiner Antrittsrede als Präsident von Südafrika postuliert, dass es nicht unser Unvermögen oder Nichtigkeit ist, die uns als Menschen Angst machen, sondern eher unsere Großartigkeit. Was für ein Wort eines auf Gott vertrauenden Mannes, der zutiefst an seine eigene Würde und die seines Volkes glaubte. Er war damit in der Lage, denen

Kraft zu geben, die noch nicht oder nicht mehr an sich selbst glauben konnten. Einfach weil es wahr ist, dass in jedem von uns etwas Großartiges steckt.

»Wahre Schönheit kommt von innen« ist ein geflügeltes Sprichwort in vielen Sprachen der Erde. Und trotzdem fällt es uns nicht leicht, an diesen inneren Raum zu glauben. Es ist leichter, unsere Oberflächlichkeit zu kultivieren und den Rest einfach zu vergessen. Dies scheint manchen erfolgversprechender in einer Welt, die Vordergründigkeit und Oberfläche schnell belohnt. Aber dies ist ein Irrtum. So viele versuchen zu glänzen und haben doch längst die innere Flamme verloren.

Wolfram und ich glauben daran, dass jeder von uns Teil eines großen Sinnzusammenhangs ist, jeder sein inneres Licht freisetzen und damit die beglückende Erfahrung machen kann, Bedeutung für das Ganze zu haben.

Eine der entscheidenden Fragen lautet: **Was würde der Welt fehlen, wenn es Sie oder Ihr Unternehmen nicht mehr gäbe?**

Und dann wird es spannend.

»Lasst uns aufhören zu glänzen und anfangen zu leuchten.«

Ideen brauchen Termine

Wolfram Heidenreich // Lange haben wir uns nicht gesehen, bei einem runden Geburtstag begegnen wir uns wieder und knüpfen sofort da an, wo wir uns vor Jahren aus dem Blick verloren haben. »Erinnerst du dich noch …«, Stück für Stück kommen immer mehr alte Geschichten zur Sprache. Es ist ein herrlicher Nachmittag. Ganz viel verbindet uns – aber es trennen uns auch ca. 800 Kilometer Wegstrecke. Das Fest ist schließlich vorbei, Zeit, sich zu verabschieden. »Es war wunderschön, euch wiederzusehen nach so vielen Jahren … wir müssten uns bald einmal wiedersehen.«

»Ja, lasst uns in Verbindung bleiben …« Sie kennen sicherlich ähnliche Situationen und was daraus folgt – bzw. nicht folgt.

Einmal habe ich in einem Auftritt des Kabarettisten Jürgen Becker erlebt, wie mit der Darstellung einer Alltagsbegebenheit komplexe Sachverhalte ins Bewusstsein gerückt werden können. Die Bühne liegt weitgehend im Dunkeln, nur eine Lampe brennt und beleuchtet einen schmalen Raum. Als der Hausmeister die Szene betritt, zeigt Jürgen Becker fragend auf die anderen Strahler an der Hallendecke. Der Hausmeister zögert einen Moment, sagt dann: »Müsste sich mal jemand drum kümmern«, und geht weiter. Ob er noch einmal wiederkommt, ist fraglich. Anhand dieses Beispiels erklärt Jürgen Becker den Begriff »Mysterium« und die unterschiedlichen kulturellen Prägungen von evangelisch und katholisch: »Mystik heißt: Müsste sich jemand drum kümmern.« Bei den Katholiken reicht die Idee, die Mystik – das muss man ja nicht alles gleich tun. Evangelische handhaben das anders. Deshalb können die katholisch geprägten Länder (linksrheinisch) ordentlich feiern und die evangelischen (rechtsrheinisch) nicht wirklich.

Mir sind bei der Vorstellung einige Kronleuchter für das Verständnis unserer doch sehr unterschiedlichen Prägungen aufgegangen. Man neigt ja dazu, die eigene Kultur für *die* richtige zu halten, und braucht Lebenserfahrung und Zeit, um die Dinge auch mal von der anderen Seite und mit neuen Augen sehen zu können.

Michael spricht gerne schnell mal eine Idee aus, ich bin dann derjenige, der ab und zu einen der vielen Bälle auffängt und nachfragt. Reicht uns die Idee – oder machen wir da was draus? So manche Idee haben wir in dieser sich ergänzenden Kraft umgesetzt und auf den Weg gebracht. Natürlich auch so manche Bälle wieder fallen lassen, weil mit ein paar Fragen klar wurde, dass es zu unrealistisch, zu teuer oder die Idee nicht wirklich neu, originell und vor allem zielführend ist …

Ich habe gelernt, dass nicht alles, was Michael verkündet, tatsächlich passieren muss. Das Wissen um diese »Mystik« hat uns immer wieder geholfen, die unterschiedlichen Begabungen und Prägungen positiv zu verbinden.

»Reicht euch die Idee, oder sollen wir den Terminkalender rausholen?« Meine Erfahrung ist, dass aus vagen Verabredungen nur ganz selten etwas wird, mit einem Termin aber sehr wohl. Eins meiner Lieblingszitate ist deshalb: **»Ziele sind termingebundene Träume.«** Ohne konkrete Verabredung wird nichts aus unseren Träumen, unseren Ideen, unseren Zielen. Auch dieses Buch wäre niemals entstanden, wenn wir uns nicht dazu verabredet und die Schreibtermine in unseren Kalendern notiert hätten.

Wie viele Menschen träumen davon, große Dinge zu tun, vergessen aber dabei eine Kleinigkeit, nämlich aufzuschreiben, wann sie das tun wollen.

Die entscheidende Frage ist: Wenn nicht jetzt, wann dann?

Ziele sind termingebundene Träume.

Albtraum in Gütersloh

Michael Buttgereit // Es gibt Laptops, die sind so schmal und leicht, dass man gut daran tut, sie nicht mal eben auf einem Zeitschriftenstapel abzulegen. Nicht nur, weil sie damit kurzerhand aus dem Blickfeld verschwinden, sobald jemand ein Schriftstück darüberlegt, sondern weil sie damit schneller ins Altpapier wandern können, als einem lieb ist.

Aber es kann auch noch schlimmer kommen. Zu meinem 50. Geburtstag hatte mir das Agenturteam ein wunderschönes, selbst gestaltetes und geschriebenes Buch-Unikat geschenkt. Es trägt den Titel: »Buch der verlorenen Dinge«. Darin ist eine Unzahl an Anekdoten und schmerzhaften Erlebnissen meines Teams gesammelt, über Dinge, die ich einmal verlegt, verloren oder vergessen habe. Dieses Buch hat einen Umfang von über 100 Seiten. Mehr muss ich dazu nicht ausführen. Ja, ich bin manchmal unkonzentriert, besser gesagt: fehlkonzentriert, denn in meinem Kopf gibt es parallel eine Unzahl an wertvollen Gedankenabläufen, die jedoch für andere nicht erkennbar und einsichtig sind. Ich bin also kein verpeilter Tagträumer, sondern vielmehr jemand, der sich seit Jahren verzweifelt am Multitasking versucht. Und so ereignete sich vor einigen Jahren eine Situation, die mir nachhaltig im Gedächtnis geblieben ist.

Seit Monaten arbeiten wir an einem Projekt zur Neupositionierung eines Verlages. Intensive, sehr inspirierende Workshops liegen hinter uns, und wir haben den Eindruck gewonnen, dass uns ein großer Wurf gelungen ist. Mit dem Verlagsleiter und seiner Mannschaft sind wir darüber einig, nun steht die entscheidende finale Präsentation zur Umsetzung vor dem Management-Board an. Tage und Nächte arbeite ich mit meiner Kollegin Simone an der

Didaktik für diese so wichtige Präsentation. Der Anspruch der Teilnehmer, die extra zur Präsentation eingeflogen werden, ist, wie uns gesagt wurde, hoch, sehr hoch. Im Fußball würde man Champions-League sagen. Hier kann man nur bestehen, wenn man alles gibt.

Simone gibt alles und schiebt Nachtschichten ein, um eine exzellent gestaltete und animierte Präsentationsdatei vorzubereiten. Ich kenne ihre Fähigkeiten und ihren eigenen Anspruch, maximale Qualität abzuliefern. Und ich bin begeistert, als ich einen Tag vor der großen Präsentation das Ergebnis in Augenschein nehme. Ein fröhlicher Anruf bei meinem Auftraggeber, dass alles bestens vorbereitet ist, erhöht die allgemeine Stimmung, und eine angespannte Vorfreude auf den morgigen großen Tag macht sich bei allen breit.

Am nächsten Morgen verabreden Simone und ich uns sehr früh im Büro. Die Datei benötigt einige Zeit, um vom Server auf meinen Rechner übertragen zu werden. Geschafft! Geprüft! Mein Laptop kann die Präsentation einwandfrei wiedergeben.

Das Telefon am Empfang klingelt. Ein Kunde benötigt noch kurz eine klitzekleine Auskunft zu einem Projekt, die nur ich ihm geben kann. Zwei Minuten später sitzen Simone und ich im Auto und machen uns auf den Weg. Es war uns wichtig, genügend Fahrzeit einzuplanen. Denn wie schnell kann etwas Unvorhergesehenes wie ein Unfall oder eine Baustelle die pünktliche Ankunft gefährden. Deshalb haben wir für die Fahrstrecke noch ein Drittel der Zeit obendrauf gelegt. Ich verspreche Simone ein ausgiebiges Frühstück an einer Raststätte, sobald absehbar ist, dass wir diese Extra-Zeit nicht benötigen, um pünktlich anzukommen.

In Gedanken gehe ich während der Fahrt noch einmal die Schlüsselstellen meiner Präsentation durch. Alles ist plausibel und gründlich gedacht. Das Designkonzept ist nicht nur zukunftsweisend und inhaltlich fundiert, sondern soll dem Verlag zukünftig bei der Herstellung seiner Publikationen eine Menge Geld sparen. Denn wir haben ein visionäres Gestaltungskonzept in der Tasche, das auf der Grundlage von extrem wertschöpfenden Produktionsstandards in der späteren Herstellung ein Maximum an Flexibilität zulässt. Was kann man noch mehr erwarten? Unsere Stimmung ist bestens, wir sind mit Blick auf die anstehende Präsentation sozusagen siegesgewiss. Allerdings währt dies nur kurze Zeit, denn Simone sieht bereits nach 15 Minuten Fahrt ihr Frühstück schwinden, da vor uns eine Unzahl an Bremslichtern bis zum Horizont aufleuchten. Kein Grund zur Panik, denke ich, denn ein Stau löst sich oftmals genauso schnell wieder auf, wie er entstanden ist. Außerdem bleibt genügend Zeit, um pünktlich anzukommen. Diesen Gedanken halte ich genau 30 Minuten in meinem Herzen fest, während sich auf der Straße nichts mehr bewegt. Danach keimt das erste Mal eine zarte Sorge in mir auf, wir könnten vielleicht das Gremium einige Minuten warten lassen. Der Reifegrad dieser Sorge ist jedoch so kümmerlich, dass ich sie mit Simone gar nicht teilen will. Ich nutze die Zeit, die zunehmend auch bei Simone entstehende Unruhe zu übertönen, indem ich belanglose Dinge über Randstreifen und Leitplanken aus meinem Kompetenzkästchen hervorkrame und ausgiebig referiere. Ich habe den Eindruck, Simone hört nicht wirklich aufmerksam zu. Dann kommt der Moment, an dem klar wird, dass wir nicht mehr pünktlich ankommen können. Diese Einsicht dämpft ein wenig die Stimmung, und der erwartbare makellose Auftritt unsererseits bekommt in der Vorausschau eine kleine Delle. Ein Anruf bei unserem Auftraggeber, und das zu erwartende »Oh, wie blöd!« auf der anderen Seite lässt mein Gedankenkarussell nach dem Auflegen als Einziges Fahrt aufnehmen. Was sollte das Gremium nun denken: »Diese Provinz-Agentur aus, wo war das noch gleich – Haltern am See oder so ähnlich? Hätten die nicht einfach früher losfahren können?« »Ich stehe morgens um vier Uhr auf, um pünktlich um 6 Uhr meinen Flieger in München zu bekommen, und muss nun auch noch warten.«

Die zunehmende Unveränderlichkeit unserer Situation im Stau lässt keine Hoffnung auf einen grandiosen Präsentationsbeitrag beim Kunden mehr aufkommen. Weitere Anrufe mit dem Hinweis auf den schicksalhaften Umstand, ohne eigenes Versagen im Stau festzustecken, können die zunehmend bittere Verstimmung bei allen Beteiligten nicht mehr höflich unterdrücken.

Faktisch erreichen wir das Firmengelände des renommierten Medienkonzerns genau zwei Stunden später als ausgemacht. Ein mulmiges Gefühl beschleicht mich, in Kürze in die frustrierten Gesichter der Anwesenden blicken zu müssen. Zum Glück bin ich nicht allein, als wir die schwere Tür zum Konferenzraum öffnen. Ein makelloses Ambiente mit hochwertiger Möblierung, modernster Konferenztechnik, bodentiefen Glasfenstern und die exzellente elektronische Verdunkelung fallen mir natürlich sofort auf. Hier ist für alles gesorgt. Und es warten Menschen, die darauf hoffen, dass wir sie nach der langen Wartezeit nun endlich doch noch glücklich machen können. Man ist höflich zu uns. Niemand lässt seine Frustration über den vertanen Vormittag offen heraus.

In der unerhörten Erwartung, Anspannung durch meinen nun folgenden Beitrag zumindest neutralisieren zu können, spreche ich ein paar Worte der Entschuldigung. Jetzt muss nur noch mein Laptop an das hauseigene System angeschlossen werden, bevor es endlich losgehen kann.

Ich greife in meine Tasche, während ich mit den Anwesenden einen Small Talk beginne, um diese letzte Wartezeit des Auditoriums erträglich zu überbrücken. Meine Hand wandert von Fach zu Fach, stets in der Erwartung, dort meinen Laptop zu fassen. Nachdem ich alle Fächer durchwandert habe, fährt ein mir vollkommen unbekanntes schmerzhaftes Gefühl durch die Seele und ein betäubender Gedanke durch den Verstand: Die Pein ist nicht etwa gleich beendet, sondern fängt gerade erst an.

»Ich – habe – meinen – Laptop – beim – kurzen – Telefonat – am – Empfang – unseres – Büros – liegen – lassen.« Diese ungeheuerliche Erkenntnis will einfach nicht über meine Lippen. Ich überlege kurz, wie lange es dauern würde, noch einmal zurückzufahren, um das Problem zu lösen, und rette mich mit dem Gedanken, dass so etwas nicht wirklich geschieht, sondern dies der Moment sein muss, in dem man schweißgebadet aus einem Albtraum erwacht. Komm schon, Michael. Werde wach. Die kurze Erkenntnis danach: wacher wird's nicht. Ich habe ein Gefühls-Déjà-vu, erinnere mich daran, wie es früher als Schulkind war, wenn der

Lehrer mich bat, meine Hausaufgaben vorzulesen, und ich mein Heft vergessen hatte. Ich erinnere mich in Bruchteilen von Sekunden an alle Szenen des Versagens in meinem Leben, von dem dieser Tag wohl der letzte sein würde: Muss ich jetzt sterben? – Nein.

Ich hörte mich sagen: »Dies ist der schlimmste Tag in meinem Leben, denn ich habe zu alledem, was ich Ihnen schon zugemutet habe, meinen Laptop mit der Präsentation im Büro vergessen.«

Simone schaut mich entsetzt an. Es ist weniger Mitleid, ahne ich. Vermutlich denkt sie an die vielen Nächte, in denen Sie dieses Meisterwerk an Präsentation vorbereitet hat.

Alles umsonst. An meiner Vergesslichkeit hängt nun auch ihr ausbleibendes Erfolgserlebnis.

Während ich noch sprachlos und paralysiert im Raum stehe, werden um mich herum erste Ideen ausgetauscht, wie die Situation doch noch zu retten wäre: »Könnten Sie sich die Daten nicht per E-Mail schicken lassen?« Leider nein, unsere Präsentation ist in einem speziellen Programm von Apple programmiert, und um uns herum sehe ich nur Windows-Rechner. Es würde vermutlich ewig dauern, irgendwo einen Apple-Laptop auszuborgen, um das Problem zu lösen. Ein Gedanke wechselt zum nächsten, bis Simone nach etwa zehn Minuten einen USB-Stick aus der Tasche zieht – mit einer schlichten PDF-Datei der Präsentation. Sie hält den Stick mit zwei Fingern und macht dabei ein Gesicht, als wenn eine erfahrene Fischverkäuferin ein völlig verdorbenes und stinkendes Exemplar an den Mann zu bringen versucht.

Ja, es ist ekelig, aber die einzige Lösung, um hier nicht unverrichteter Dinge wieder nach Hause zu fahren. Was könnte schlimmer sein? Ein Laptop der Anwesenden wird ausgewählt, der USB-Stick angeschlossen, und ich präsentiere eine vollkommen vermurkste Datei mit allen technischen Unzulänglichkeiten, die eine solche schnell gezogene Sicherungsdatei aufweisen kann. Nach einigen Minuten der Präsentation entkomme ich trotzdem aus meiner Schockstarre, unterstütze die fehlende Didaktik und die vermurkste Darstellung von Beispielen mit Händen und Füßen. Manchmal gelingt mir sogar ein heiterer Beitrag, um die Situation für alle einigermaßen erträglich zu gestalten. Dann bin ich am Ende meiner Präsentation. Das zurückliegende Horrorszenario scheint plötzlich wie vom Winde verweht. Begeisterung macht sich breit, und dieser Umstand wiegt zum Schluss doch noch alles auf.

Meine Erkenntnisse

Erstens: Es kann noch immer schlimmer kommen, als du denkst. Zweitens: Es hat noch immer eine Lösung gegeben, einen Weg, an den ich nicht gedacht habe. Und: Immer dann, wenn mir solch gravierende Missgeschicke geschehen, ist es Zeit, endlich Urlaub zu machen, damit die Barmherzigkeit mit der eigenen Begrenztheit sich wieder erholen kann.

»Du hast mich nicht verstanden«

Wolfram Heidenreich // Eine Kollegin zeigt mir die Entwürfe zu dem Projekt, für das ich ihr vor ein paar Tagen ein Briefing gegeben habe und an dem sie nun einige Zeit gearbeitet hat. Ich hatte ihr Informationen zu dem Anliegen des Auftraggebers, zu Zielen, Inhalten, formalen Rahmenbedingungen und einen Termin für eine Zwischenpräsentation gegeben. Verwundert schaue ich auf das Ergebnis. Genau erinnere ich mich daran, dass ich ihr gesagt hatte, dass die Farbe Orange bei dem Projekt ein Tabu ist. Ihre Entwürfe sind in Orange gehalten, und auch sonst fallen mir gleich ein paar Dinge auf, die nicht zu dem Briefing passen und wenig mit dem zu tun haben, was ich erwartet hatte. Ich ärgere mich und sage vorwurfsvoll zu ihr: »Du hast mir offenbar nicht richtig zugehört.« Eine frustrierende Situation, die ich oft genug erlebt habe und die wir alle auch aus dem Alltag kennen.

Wir haben uns vor einigen Jahren mit den Führungsverantwortlichen unseres Unternehmens dazu verpflichtet, nie wieder zu sagen »DU hast mich nicht verstanden«. Miteinander wurde uns während eines Coachings mit einem Berater klar, was wir damit eigentlich anrichten. Die Verantwortung für gelingende Kommunikation wird damit auf die falsche Seite geschoben. Grundsätzlich ist der Absender dafür verantwortlich, dass der Kommunikationsprozess gelingt, und nicht der Empfänger, dass »die Botschaft« ankommt. Doch eine derartige Verschiebung der Verantwortlichkeit geschieht ganz schnell, ziemlich oft und ohne dass wir uns dessen bewusst sind. Stattdessen sollten wir uns die Frage stellen: Habe ich mein Anliegen wirklich ausreichend gut formuliert? Ist deutlich geworden, was ich möchte – und hat es die oder der andere auch so aufgenommen?

Wir haben uns jedenfalls als Führungsteam, nachdem uns bewusst wurde, was schiefläuft, gegenseitig dabei unterstützt, das zu verändern. Man hört bei uns nun öfter den Satz: »Offensichtlich habe ich dir das nicht so gut erklärt, dass du es verstehen konntest, ich bitte um Entschuldigung dafür.«

Was meinen wir eigentlich, wenn wir von »Kommunikation« sprechen? In der Regel doch Folgendes: Ich sage etwas und die oder der andere folgt meinen Anweisungen. Oder ich hänge ein Plakat auf, es wird gesehen und die gewünschte Handlung erfolgt, z. B. der Kauf eines Produktes oder der Besuch einer angekündigten Veranstaltung.

Wenn es so einfach wäre, würde es den Beruf des Kommunikationsdesigners nicht brauchen, und wahrscheinlich würden uns auch manche kleineren und größeren Probleme in der Welt erspart.

In der Kommunikation gibt es grundsätzlich zwei Seiten: denjenigen, der eine Botschaft sendet, und den, der eine Botschaft empfängt. Wie schnell sind wir dabei, eine Botschaft abzusetzen und selbstverständlich davon auszugehen, dass sie ankommt. Dabei übersehen wir aber die Situation des Gegenübers. Was kann er überhaupt verstehen? In welchem Umfeld bewegt sich jemand? Welche Erfahrung und welchen Horizont hat sie oder er im Blick auf Geschichte, Kultur, Bildung?

Gelingende Kommunikation ist von unzähligen Faktoren abhängig, und die Ursachen für Missverständnisse sind vielfältig. Wir wissen, dass es verschiedenste Ebenen gibt, die Kommunikation beeinflussen – in die eine oder andere Richtung. Erwartungen, Vorerfahrungen und auch Befürchtungen tragen dazu bei, dass die Entschlüsselung der Botschaft durch den Empfänger beeinflusst wird. Es kann passieren, dass die Empfänger etwas wahrnehmen, was ich als Sender überhaupt nicht im Sinn hatte. Für die Hörenden ist eine bestimmte Ebene besonders relevant. Vor diesem Hintergrund erfolgt dann eine Interpretation, die für die Betroffenen ganz logisch und folgerichtig ist. Und manchmal kommt das Phänomen hinzu, dass eine Person eine Aussage nur unterbewusst hört und dann in einem falschen Zusammenhang »abspeichert«. So wie in dem anfangs geschilderten Beispiel die Aussage »Orange nicht verwenden« im Unterbewussten hängen geblieben ist und dann dazu führte, dass die Entwürfe genau das zeigten, was eigentlich ausgeschlossen werden sollte.

Wenn uns diese verschiedenen Ebenen bewusst sind, ist das schon ein wesentlicher Schritt. Alles, was gesagt und gehört wird, ist geprägt von Erfahrungen, Motivation, sozialem Umfeld, Werten, Weltanschauungen, Verhaltensmustern und Situationsfaktoren des Senders der Nachricht. Unendlich viele Bücher sind zu dem Thema geschrieben worden, und trotzdem müssen wir es immer wieder im Alltag üben und lernen.

Ich genieße es, mit Menschen, die ich schon lange kenne, etwas gemeinsam zu entwickeln. Wir haben so viele gemeinsame und verbindende Erfahrungen, dass wenige Worte reichen, um miteinander kreativ werden zu können. Die Ideen fliegen dann nach kurzer Zeit wie Bälle hin und her. Je mehr Überschneidungen in den Lebenswelten auf Sender- und Empfängerseite bestehen, desto leichter wird die Kommunikation. Ich weiß, welche Bilder er oder sie im Kopf hat, und andersherum geht es genauso. »Weißt du noch, wie wir das damals gelöst haben, so ähnlich könnten wir das doch hier auch machen.«

Die Überschneidungen in unseren Lebenswelten sind auch eine der Kraftquellen der Zusammenarbeit von Michael und mir. Wir haben an der gleichen Hochschule studiert, teilweise bei den gleichen Professor*innen. Wir kennen die Philosophie dieser Schule und sind von der Denkweise und Haltung der Lehrenden geprägt worden. Dazu kommt, dass wir ähnliche familiäre Hintergründe haben und z. B. beide aus Unternehmerfamilien stammen. Ganz viele Ebenen, die uns verbinden und die Kommunikation erleichtern.

Wenn man mit Menschen kommuniziert, die man nicht so gut kennt, muss man erst einmal ausloten, was die passende Tonlage ist, was die oder der andere für ein Grundverständnis einer bestimmten Sachlage hat. Wie das Gegenüber »tickt«.

Mit der Kollegin habe ich mich schließlich dazu verabredet, das nachzuholen, was unter dem Zeitdruck des ersten Briefings zu kurz gekommen war. Letztlich hat das Ganze durch den Umweg mehr Zeit gekostet. Aber mit Blick auf zukünftige Projekte ist es wiederum gut investierte Zeit gewesen.

Oft haben wir erlebt, dass Missverständnisse in Kreativprozessen auch Gutes hervorbringen können. In einer vertrauensvollen Atmosphäre können »schräge Gedanken« sehr erfrischend und horizonterweiternd sein. Wenn jemand z. B. etwas ganz anderes versteht, daraus einen auf den ersten Blick seltsamen Gedanken ableitet und so eine Idee entsteht, die sonst gar nicht zustande gekommen wäre. In der direkten Zusammenarbeit nutzen Michael und ich diese Kraft sehr gerne. Durch die Möglichkeit, unmittelbar zu reagieren und gegebenenfalls nachzufragen, lässt sich vieles gut kanalisieren. So sammeln wir zunächst ungefiltert Ideen, die einem assoziativ in den Sinn kommen. Da dürfen und müssen alle frei denken und kombinieren dürfen. Da gibt es keine Tabus, und »Missverständnisse« sind geradezu erwünscht, weil man so leicht die eingefahrenen Bahnen verlassen kann.

Verkrümmte Ausrufezeichen

Michael Buttgereit // Fragezeichen sind nicht zu beneiden. Sie stehen erwartungsvoll am Ende einer Zeile und setzen darauf, dass sich Worte so zu einem Satz anordnen, dass damit eine inspirierende Einladung für die Antwort ausgesprochen wird. Meine Fantasie lässt es zu, in Fragezeichen verkrümmte Ausrufezeichen zu erkennen, die sich schmerzverzerrt den Aufschrei versagen ob der Einfältigkeit der gewählten Worte und Form. Ja, eine Frage kann bereits die Antwort verbiegen und die Intelligenz beleidigen. Die eigene und die des Befragten.

Es gibt keine dummen Fragen, heißt es, nur dumme Antworten. Ich finde, dies gilt nur, wenn der Antwortgeber aus der Frage des Dummen durch seine Antwort einen Schlauen machen kann, aber das ist so gut wie nie der Fall.

Kluge Fragen fördern kluge Antworten. So haben wir es immer wieder erlebt. Dem Fragenden kommt damit eine große Verantwortung zu. Denn die Antworten können dieser Einsicht folgend immer nur so gut sein wie die gestellten Fragen. Und die benötigen den maximal sinnvollen Bezugsrahmen, Engagement, Hartnäckigkeit und den unbedingten Willen, die bestmögliche Antwort zu entwickeln. Zudem benötigen die Fragen das richtige Maß und den richtigen Zuschnitt. Sie können zu klein sein oder zu groß, zu schlicht oder zu komplex. Gute Fragen zu stellen, ist eine Kunst. Denn will man wertvolle Antworten gewinnen, müssen sie durch Fragen kunstvoll gestaltet werden.
Wolfram und ich sind leidenschaftliche Fragesteller.

Der Fragesteller ist kein Fallensteller, wie die Autokorrektur meines Schreibprogramms mir gerade anbietet. Der gute Fragesteller ist ein Sammler, kein Jäger. Wir haben weder die Absicht, unser Gegenüber zu erlegen, noch, ihn in einen dunklen Hinterhalt zu locken. Und wir wollen ihn nicht hinters Licht führen, sondern das ins Licht bringen, auf das es ankommt: die bislang unentdeckten, wertvollen, neuen, aussichtsreichen Möglichkeiten. All das muss aufs freie Feld, dorthin, wo man weit blicken und wieder durchatmen kann und wo sich neue Horizonte auftun, denen wir gemeinsam entgegengehen wollen.

Wer fragt, führt. Wir führen deshalb gerne Gespräche, in denen wir zu Wegbegleitern für gute Antworten und Lösungen werden.

Sie sehen schon: Fragen können neue Räume erschließen, Verständnis vertiefen, Empathie fördern, Beziehungen stiften, Weggemeinschaften begründen.

Unsere Fragen haben mit Blick auf komplexe Vorgänge stets zwei Dimensionen, vergleichbar mit dem Ein- und Ausatmen. Zunächst wollen wir den Kontext verstehen, den Rahmen, für den wir eine Lösung entwickeln möchten, voll aufspannen und ausfüllen. Das benötigt die Erforschung des maximal Fassbaren, der Ränder, das Äußerste, das am weitesten Denkbare. Und dann geht es um die Verdichtung. Um die Präzision auf den Punkt. Worum geht es im Innersten, im Wesentlichen, wenn alles ausgesprochen ist? Daraus entsteht die Konkretion einer Landkarte – die Reiseroute, die vom alten eingefahrenen Weg wegführt, und der ohne gute Fragen so schwer zu verlassen ist.

Auch in Beziehungsfragen ist es wichtig, die ganze Dimension des Problems zu erkennen, um eine Lösung finden zu können. Den anderen zu fragen, worauf es ihm wirklich ankommt. Und dann vielleicht noch einmal nachzufragen, wenn wir uns unsicher sind, ob wir ihn tatsächlich richtig verstanden haben. Zu wiederholen, was bei uns angekommen ist, kann ein erster Schritt sein.

Klug formulierte Fragen führen letztlich auf einen Weg vom Kopf zum Herzen. Nämlich geradewegs auf das zu, was echt ist. Ein guter, werthaltiger Grund, aus dem sich neu schürfen und auf dem sich gut bauen lässt. Manchmal ist der Weg steinig und steil, bis wir auf die Ader stoßen, die das Gold von morgen verspricht.

Wenn wir bei unseren Fragen keinen Stein auf dem anderen lassen, dann benötigt es das Vertrauen, dass wir nicht das über Jahre Aufgebaute leichtfertig umstoßen, sondern dass es gut ist, an das Fundament, an die Wurzel zu gehen. Denn von einem Baum, dessen Untergrund nicht mehr genügend tragfähig ist, wird man kaum für die nächsten Jahre verlässliche Früchte erwarten dürfen.

Auf der anderen Seite muss man sich gute Fragen auch leisten können. Das meint nicht, dass es unser Gegenüber teuer zu stehen kommen kann, wenn es erkennt, dass wir auf unserer Reise Möglichkeiten und Chancen aufzeigen, die eine gründliche Veränderung wünschenswert machen und die einiges an Aufwand erahnen lassen.

Wir erzeugen mit den Antworten, die wir geben, oftmals Sehnsuchtsbilder, die ganz von selbst Konturen des Zukünftigen entstehen lassen. So helfen unsere Fragen, Bisheriges als nicht mehr tragfähig und tauglich zu erkennen und Neues zu wagen.

Und damit kommen wir zu einem sehr entscheidenden Punkt: Gute Fragen allein, die gute Antworten erzeugen, benötigen auch gangbare Wege, die Bereitschaft und Kompetenz, den daraus erkennbaren Berg abzuarbeiten. Denn wenn wir Fragen aufwerfen, dann wollen wir bei unserem tiefen Graben keine Kraterlandschaft hinterlassen, sondern einen guten Baugrund vorbereiten, auf dem Neues entstehen kann.

Stelle keine Frage, deren Antwort ein Problem deutlich macht, ohne danach auch einen Weg auszuloten, wie dieses gelöst werden kann. Das muss der Anspruch an jede Frage sein, die wir stellen, sonst lassen wir lediglich aufgewühlte und perspektivlose Menschen als Opfer eines Frage-und-Antwort-Spiels zurück. Das gilt für Beziehungsgespräche ebenso wie für das Angehen in beruflichen Zusammenhängen, etwa wenn es um die Veränderung von Organisationsstrukturen geht.

Es braucht immer die Einwilligung des Gegenübers, mit den Fragen in die Tiefe gehen zu dürfen, zweitens die Verantwortung für das eigene Handeln. Und drittens das Aufzeigen von Perspektiven, die sich aus alldem ergeben.

Ideen, auf die keiner kommen kann

Michael Buttgereit // Menschen, die auf ein Gegenüber mit besonders ausgewiesenen kreativen Berufen treffen, stellen immer mal wieder die Frage: »Wie sind Sie denn auf diese Idee gekommen?« Interessant an dieser Formulierung scheint die Vorstellung zu sein, man würde Ideen fangen wie Mäuse, die man am Weiterlaufen hindert, indem man ihnen zart auf den Schwanz tritt. Vielleicht herrscht auch die Vorstellung vor, man müsste eine Idee erobern wie den Gipfel bei einer Bergbesteigung und könnte, wenn man ihn erreicht hat, auf all die Einfallslosigkeit hinabblicken, die unkreative Menschen gemeinhin zu umgeben scheint. Menschen, die unisono dem Gipfelstürmer nach oben blickend zurufen: »Wie sind Sie denn auf die Idee gekommen?«

Erstens glaube ich nicht, dass es unkreative Menschen überhaupt gibt. Und zweitens wären wir nach über drei Jahrzehnten kreativen Schaffens längst erschöpft, wenn wir auf Ideen *kommen müssten*. Ideen zu haben, ist das Leichteste der Welt, vorausgesetzt, man bringt sich in die richtige Verfassung und steht ihnen nicht selbst im Wege. Es gibt ja Zeitgenossen, die glauben, dass ein oder zwei Gläser Wein einen wertvollen Beitrag zur Ideenfindung leisten würden. Dies ist jedoch ein weitverbreiteter Irrtum, weil einem der benebelte Verstand und die enthemmte Gesamtlage ein Trugbild vorgaukelt. Offen gestanden, habe ich es selbst auch ausprobiert und festgestellt: Man scheint der Idee und Lösung einer gestellten Aufgabe mit jedem Glas näher zu kommen, obwohl man sich faktisch immer mehr davon entfernt. Am nächsten Tag erinnert man sich durch den gefühlten Kopfschmerz hindurch, dass die Aufzeichnungen des Vorabends zwar manchen Schenkelklopfer erzeugt haben, aber selten ein brauchbares Ergebnis. Nüchtern betrachtet, bedarf es weniger Ideengaudi als der richtigen Mischung von Haltung zur Aufgabe.

Wenn Sie mögen, führe ich Sie hier kurz in unser Erfolgsgeheimnis zur Ideenfindung ein. Folgende Fallstricke sind auf jeden Fall zu umgehen:

Eine vermeintlich gute Idee ist schnell da. Das ist der klassische Umkehreffekt. Eine spontane Idee wird einem sofort so lieb, dass man sie auf die Aufgabe unbedingt anwenden will. Das eigene Ego unterstützt diese Sicht auf die Dinge, denn wer möchte nicht bereits nach einer Minute als Genie vom Platz gehen. Bei tieferer Einsicht bleibt dann oftmals der Satz zurück: »Ist hier vielleicht nicht passend, wäre aber sensationell für Folgendes …«– nur leider liegt diese Aufgabe gerade nicht vor uns.

Die ersten Ideen haben alte Zöpfe. Vielleicht kennen Sie die Situation, dass ihnen jemand für eine herausfordernde Aufgabe Lösungen vorschlägt, die sozusagen einfach »von der Stange« sind. Schon tausendmal gehört oder gesehen und wenig originell. Es ist verständlich, dass man zunächst im bisherigen Erfahrungsschatz nach Lösungen sucht. Für die Anwärmphase ganz normal, aber der Profi weiß: Wir haben mit der Ideenentwicklung noch gar nicht begonnen. Wir räumen sozusagen die Gehirnwerkstatt erst noch auf und befreien alles von bisherigen Versatzstücken, Altpapier und reichlich Gedankenmüll.

Die Aufgabe in der Tiefe verstehen. Es ist immer gut, sich zunächst intensiv mit der gestellten Herausforderung zu befassen. Die richtig gute Idee und Lösung kommt zumeist aus einem tieferen Verstehen der eigentlichen Aufgabe. Erkunden Sie das Problem hinter dem Problem oder die eigentliche Aufgabe hinter der formulierten Fragestellung. Denn das Problem zu erkunden, kann selbst ein Schatz voller Ideen sein, der sich dadurch vor Ihnen auftut.

Nutzen Sie Kreativtechniken als Spielbälle. Der Profi weiß sich zu helfen mit anerkannten und wertvollen Kreativtechniken, damit der Geist gestretcht wird. Eine Art Aufwärmphase vor dem 100-Meter-Sprint. Die verschiedenen Techniken werden hier nicht weiter erörtert, dafür gibt es andere Bücher und einschlägige Blogs, die Auskunft geben können. Noch immer sind wir damit aber nicht im eigentlichen Prozess der Ideenfindung angekommen, sondern noch immer in der Vorbereitung.

Erfahrung ist gut, kann jedoch auch behindern. Wenn man wie wir über viele Jahrzehnte sein Geld mit Ideenentwicklung verdient, dann findet man seine eigene Form, sich in eine gute kreative Verfassung zu bringen, damit auch in einer gewissen Zeit ein echt gutes Ergebnis vorliegt. Selbstverständlich hat jeder Kreative einen individuellen Ansatz, die Herausforderung, in einem bestimmten Zeitrahmen Ideen zu liefern, zu meistern. Erfahrung, wie solche Aufgaben gelöst werden können, welche Herangehensweise sinnvoll ist, was sich bewährt hat. Aber sich ausschließlich darauf zu verlassen, bringt nicht immer Neues in die Welt.

Kommen Sie irgendwie in Bewegung. Ich kann mich nicht erinnern, dass mir eine überzeugende Lösung hinter meinem Schreibtisch sitzend eingefallen wäre. Der Schreibtisch ist per se kein guter Ort für die Entwicklung von Ideen, da er in der Regel nicht leer ist und viele andere Dokumente und Vorgänge einen ablenken. Am allerbesten ist es naturgemäß, in Bewegung zu kommen. Bewegung bringt immer etwas in Fluss – auch das Denken. Es muss für mich gar nicht die eigene Bewegung sein. Ich liebe es, mit dem Zug zu fahren, wenn die Landschaft an mir vorbeizieht. Diese sich permanent verändernde Situation regt meine inneren Quellen an. Und das »Noch-nicht-angekommen-Sein« lotst mein Denken in neue Richtungen.

Lassen Sie doch einfach mal los. Es ist wenig erstaunlich, dass man sich in kreativen Prozessen festfährt. Dass man den Wald vor lauter Bäumen nicht mehr sieht. Irgendwann verliert man den Abstand zu der Aufgabe und sich selbst. Durch Verbissenheit entsteht eine Art kreatives Vakuum, das nichts anderes benötigt als Entspannung. Loslassen ist angesagt. Und das meine ich durchaus wörtlich. Legen Sie alles aus der Hand. Gewinnen Sie Abstand vom Denken. Sicher wird Ihnen die Erfahrung nicht fremd sein, dass Sie unter der Dusche Lösungen für irgendwelche Alltagsprobleme gefunden und später aus dem Bad getragen haben, neue Ansätze, die Sie selbst überrascht haben.

Den Erwartungshorizont erweitern. Über die eigene Idee zu staunen, ist ein gutes Zeichen, dass etwas Besonderes gelungen ist. Das Wort »Gelingen« drückt in der deutschen Sprache etwas aus, das es meines Wissens in keiner anderen Sprache gibt. Im Englischen würden wir sagen: »Well done.« Es sagt jedoch etwas anderes aus. Das eigene Machen und Tun steht stark im Vordergrund. Gelingen steht im Gegensatz zu Misslingen; in der tieferen Erkenntnis, dass wir alles getan haben, damit die Dinge werden, ohne noch selbst Einfluss darauf zu haben. Gelingen impliziert das Dazutun eines heiligen Umstandes, den wir nicht mehr in der Hand haben. Erweitern Sie also den Horizont auf das zu Gelingende. Und so erleben wir das mit der Ideenfindung. Das Wort »Ideenfindung« deutet bereits an, dass sie schon da ist, also nicht erst geschaffen werden muss. Ich gehe davon aus, dass alles Gedachte und jemals zu Denkende bereits da ist. Jede Kombination bereits als Möglichkeit existiert. Wir können uns deshalb nie ganz als Macher, sondern immer zu einem gewissen Anteil auch als Beschenkte verstehen. Und selbst der Erfinder ist letztlich vom Wort her Ermöglicher und Finder in einem.

Erwarten Sie also nicht zu viel von sich selbst. Eine Haltung der Demut und Dankbarkeit steht dem Kreativen gut zu Gesicht. Und damit vervollkommnet sich das Bild des Kreativen um eine ganz wichtige Dimension: Eine wirklich geniale Idee folgt zu großen Teilen der Eingebung, die durch den Menschen in die Wirklichkeit gerät. Wir nehmen also das Gegebene und wenden es klug an.

Und sollten Sie mich fragen, wie ich denn auf diese Idee gekommen sei, wundern Sie sich nicht, wenn ich antworte: »Sie ist mir eingefallen.«

Entwerfen kommt von Verwerfen

Michael Buttgereit // Um sofort mit einem Missverständnis aufzuräumen: Kreativität hat mit Entwerfen nichts zu tun. Es sind zwei vollkommen unabhängige Disziplinen, die jedoch gemeinsam einen Dienst tun können, damit gute Dinge in die Welt kommen. So wie ein Obstmesser nicht direkt etwas mit einem Apfel zu tun hat, können wir auch beim Thema Entwerfen und Kreativität schnell mal Äpfel mit Birnen verwechseln.

Kreativität ist unsere Fähigkeit, die Welt mit den Möglichkeiten der Fantasie zu erweitern. Sie kennt keine Gesetzmäßigkeiten noch Grenzen, sondern im Gegenteil: Sie ist dazu angelegt, sie gar nicht erst zuzulassen. Unsere Fantasie ist das befreiende Gegenstück zu allzu schneller Bewertung, sie ist dem unendlichen Raum des freien Geistes anheimgestellt. Hier gibt es keine Fehler noch Einschränkungen. Hier wird das Absurde genauso hoch geschätzt wie die Vorstellungskraft eines begehrenswerten utopischen Zustandes. Kreativität ist aber noch mehr. Sie verbindet die Fantasie mit der Welt der Ideen. Und Ideen haben immer einen Bezug zu einer Aufgabe, einer Entwicklung der konkreten Welt. Ideen sind die gedanklichen Manifestationen aus der reinen Fantasie und können hinübergetragen werden in die Welt, in der etwas Neues werden soll. Eine gute Idee ist per se dem Neuen verpflichtet und sie kann nur aus der Welt der Fantasie stammen, sonst würde sie aus dem Fundus des Bestehenden das immer Gleiche, vielleicht in Abwandlungen, erzeugen. Das Entwerfen jedoch benötigt keine Fantasie mehr, vielmehr leitet der Entwurf die Mittel aus der Vielfalt der Möglichkeiten hin zu einer Form.

Das Wort »Entwerfen« beinhaltet nicht von ungefähr

das Wort »werfen«. Denn von allem, was die Fantasie der Kreativität zugetragen hat, benötigt es nun den Entwerfer, der sich von unnützem Ballast befreit. Der Entwerfer muss aus der Vielzahl der Möglichkeiten alle verwerfen, bis die eine Form als letzte Idee Bestand und Substanz erhält. In all den Jahren unserer Tätigkeit gab es unter den vielen Mitarbeitern, die wir haben kommen und gehen sehen, immer mal sehr unerfahrene Entwerfer, die das Stadium der Kreativität noch kaum überwinden konnten. Das hat sich daran gezeigt, dass sie für eine gestellte Aufgabe unendlich viele kreative Ideen produziert haben, ohne sich zu trauen, eine Entscheidung für oder gegen einen Ansatz zu fällen. Ihre unermüdliche Kreativität hat sie in einen Fleiß getrieben, der unzählige Möglichkeiten und Wege offeriert hat, in denen man sich schnell verlaufen konnte. Oftmals kamen diese wunderbar begabten jungen Leute abends nach getaner Arbeit in unser Büro und präsentierten ihre Früchte des Tages. Berge von Papier zeigten zumindest an, dass sie nicht untätig den Tag verbracht hatten, und meine beiläufige Bemerkung, dass da jemand sehr fleißig war, konnten sie nur kurz als vermeintliches Lob deuten. Denn wenn es vom Entwerfer eines an Fleiß benötigt, dann das unermüdliche Entscheiden und Aussortieren des nicht weiter Benötigten. Und hier verbinden sich die Worte **ent**scheiden und ver**werfen** zu der eigentlichen Disziplin des **Entwerfens**. Beide Teile beinhaltet das Wort »entwerfen«.

Der professionelle Entwerfer gewinnt über die Jahre die Sicherheit, welche Ansätze er nicht weiter verfolgt und entsorgt. Er befreit sich vom Ballast, der sich in der Sphäre der Fantasie und Ideenwelt noch schwerelos angefühlt hat. Ein gestandener Entwerfer ist dann versiert, wenn er entscheidungssicher wird und fröhlich verwirft.

Michelangelo wird nachgesagt, dass er auf die Frage, wie er denn den David aus einem Stück Marmor arbeiten konnte, geantwortet habe: »Ich habe nur alles weggeschlagen, was meiner Vorstellung des David nicht entsprach! Mir ist diese Antwort, die ich in jungen Jahren in meinem Kunstunterricht gehört habe, lange nachgegangen. Für den Laien hört sie sich an wie eine sehr kecke Antwort eines Genies, aber mit der eigenen Erfahrung als Entwerfer weiß ich heute, dass er dem interessierten Laien ganz tiefe Einsichten in seine gestalterische Tätigkeit offenbart hat. Der Entwerfer ist ein Gestalter, er nimmt weg, was nicht benötigt wird, damit nur übrig bleibt, was eine große Idee in der Form würdigt.

Zum Schluss benötigt es immer nur eine Form. Das ist bei aller Kreativität die einfache Erkenntnis. Wir werden letztlich nicht für unseren Fleiß und unsere Kreativität bezahlt, sondern für die Fähigkeit, zu erkennen, wie man aus Ideen und Möglichkeiten die eine überzeugende, begeisternde Form kondensiert.

Um an den Anfang zurückzukommen: Es ist wunderbar, wenn Menschen Fantasie und Kreativität an den Tag legen. Das sorgt für eine schnelle Sammlung von Ideen, Skizzen und Gedankenansätzen. Aber damit ist noch nichts gewonnen. Kreative gibt es viele. Joseph Beuys ist so weit gegangen, dass er sogar jedem die Fähigkeit des Künstlerseins zugesprochen hat. Gute Entwerfer benötigen jedoch drei Dinge: Augenmaß, Entscheidungskraft und handwerkliche Fähigkeiten. Vielleicht ist die sichere Entscheidungskraft das Wichtigste von ihnen. Und die wächst mit den Jahren. Darum sagen wir den erstaunten jungen Gestaltern gerne: Nimm dir mehr Zeit für das Entwerfen als für deine Kreativität. Beschäftige dich mehr mit der Ausarbeitung der Detailqualität deiner gewählten (sprich vorher entschiedenen) Lösung als mit der weiteren Anreicherung durch immer neue Ideen. Denn in *der einen Form* liegt am Ende die Lösung der Aufgabe. Nicht immer ist dies ein Geniestreich, aber stets konkret und anwendbar. Entscheide du und steh dazu, dann kann die Idee eine großartige Form bekommen.

Dies gilt im Übrigen für alle Lebensbereiche und nicht nur für die Entwicklung kreativer Ideen, die einem Produkt zum Erfolg verhelfen oder eine Unternehmung interessant darstellen wollen. Auch wenn wir zum Beispiel überlegen, welchen Weg wir einschlagen sollen, und jede Menge kreative Ideen auf dem Tisch liegen, hilft es nicht, weitere zu suchen – sondern sich für einen Ansatz zu entscheiden und den Weg dann entschieden zu gehen.

Von Ideen, die nicht rechtzeitig eintreffen

Michael Buttgereit // Kennen Sie das: Zwei Tage nach dem herausfordernden Gespräch mit einem schwierigen Menschen fallen Ihnen die Dinge ein, die Sie hätten sagen sollen. Damit hätten Sie ihn überzeugt, zumindest zum Schweigen gebracht, aber auf jeden Fall wären Sie nicht als Verlierer vom Platz gegangen. Ich erinnere mich daran, dass ich mir einen schönen Urlaub mit meiner Frau dadurch vermiest habe, weil ich mit einer Szene aus dem Büro noch nicht abgeschlossen hatte. Ich fühlte mich elend, falsch verstanden und übervorteilt. Ich hatte zu dem Zeitpunkt nicht das Geschick und die Ideen, wie ich meinen Standpunkt hätte verteidigen können. Unaufhörliche innere Dialoge hielten mich davon ab, die Schönheit der umgebenden Landschaft und die wunderbare Zeit mit meiner Frau einfach zu genießen. Jetzt fiel er mir ein, der entscheidende Satz, die eine schlagende Antwort, die mir vor ein paar Tagen nicht in den Sinn gekommen war. Aber was sollte ich nun mit dieser viel zu spät eintreffenden Idee? So wertvoll sie zur rechten Zeit gewesen wäre, gehörte sie nun einfach in Gedanken entsorgt.

Ich kann mich auch daran erinnern, dass erst nach einer Präsentation und der danach bereits erfolgten Umsetzung eines Projektes ein Geistesblitz mein Bewusstsein erreicht hat. Das wäre eine noch bessere Lösung für die gestellte Aufgabe gewesen! Aber jetzt war es zu spät!

Wie kommt es zu dieser ungeschickten Asynchronisation von gestellter Aufgabe und Lösung? Wo befindet sich die gute Idee, wenn ich sie dringend benötige? Oder warum bekomme ich gute Ideen erst dann, wenn ich sie nicht mehr gebrauchen kann?

In der Hochschule hat mein damaliger Professor einen Trick angewendet, um uns in unseren kreativen Prozessen nicht zu früh zu frustrieren. Wir sollten uns einfach zu einem Thema etwas ausdenken, ohne uns zu viele Gedanken darüber zu machen, wem das später einmal von Nutzen sein soll. Wir sollten zuallererst unsere Fantasie anregen und unsere Kreativität trainieren, mehr nicht. Am Ende hatten wir gute Ideen entwickelt für jemanden, den es gar nicht gab, und Lösungen für eine Aufgabe gefunden, die niemand bei uns angefragt hatte. Manch Gestaltetes wurde erst im Anschluss zu einer guten Idee und Lösung, als wir gemeinsam darüber nachdachten, für wen das Gestaltete denn von Vorteil sein könnte. Das ist ein bisschen so, als würde man beim Fußball das Tor des Gegners immer dahin tragen, wo sich der Ball gerade befindet, um die Punkte zu machen.

Man könnte denken, bei kreativen Menschen würden die Ideen immer nur so sprudeln. Einmal habe ich auf der Straße einen Unternehmer getroffen, der mir zurief: »Wenn Sie mal eine gute Idee für mich und mein Unternehmen haben, dann kommen Sie doch auf mich zu!« So funktioniert es natürlich nicht. Es braucht eine sinnvolle Synchronisation von Aufgabenstellung und Ideenfindung.

Für mich ist es am schlimmsten zu ertragen, wenn großartige Ideen zu spät kommen. Ich glaube, dies hat weniger mit der Verspätung der Idee zu tun, sondern mit der intuitiven Gewissheit, mit der präsentierten oder realisierten Idee noch nicht das Beste umgesetzt zu haben. Der Geist ist nach dem Projekt nicht zur Ruhe gekommen. Er ist noch auf Empfang – offen für

Inspiration. Auch wenn das Gegenüber bereits mehr als zufrieden mit dem Ergebnis war, folgt doch der eigene Anspruch ganz anderen Gesetzmäßigkeiten.

Hier gewähre ich Ihnen einen Einblick in den erworbenen Ideen-Pragmatismus einer kreativen Existenz, die sich nicht als Künstler versteht, sondern als jemand, der mit künstlerischen Mitteln für seine Auftraggeber Probleme löst:

1. Es gibt keine verspäteten Ideen, nur zu frühe Entscheidungen.
2. Eine Idee ist nur so gut, wie es das Gegenüber, die Umstände und die Zeit zulassen.
3. Jede Idee kann noch richtig gut werden. Es kommt drauf an, was man daraus macht.
4. Die besten Ideen sind immer nur die, die auch umgesetzt werden.

Lächle dir milde zu und sei dankbar, wenn dir im Nachhinein noch eine bessere Idee einfällt. Wer hat jemals behauptet, eine gute Idee sei die endgültig beste?

Die Abwesenheit aller Fehler

Michael Buttgereit // Wenn ich auf die vergangenen 30 Jahre und die unzähligen Projekte, die wir für unsere Auftraggeber in dieser Zeit realisieren durften, zurückblicke, dann entsteht bei mir eine zunehmende Milde mit Blick auf den jähen Anspruch der ersten Jahre, etwas Perfektes schaffen zu wollen. Etwas, das jeder Kritik und jeder Diskussion standhält. Ein Projekt oder Produkt, das einfach nicht besser zu lösen ist.

Wer träumt nicht davon, irgendwann etwas »Großes« zu schaffen? Vielleicht ist das aber auch nur in unseren Köpfen eine immer mitschwingende Motivation, aber es könnte sein, dass Sie sich als Leser*in hier ebenfalls wiederfinden. Es steckt mehr dahinter als nur der Wunsch, eine gute Arbeit abzuliefern – es ist die Hoffnung, sich auf besondere Weise der eigenen Begabung würdig zu erweisen oder verdient zu machen.

Ich habe nie verstanden, wie Menschen morgens aufstehen können mit der Absicht, etwas Mittelmäßiges machen zu wollen. Warum denn nur Mittelmaß, wenn die Chance besteht, etwas Großartiges zu leisten.

Schade eigentlich, dass wir nicht wissen, wer in der Menschheitsgeschichte das Rad erfunden hat, den Hammer oder den Tisch oder andere unverzichtbare Gegenstände, die der Weltgemeinschaft für immer dienlich sein werden. Heute kennen wir von den meisten wegweisenden Lösungen und kulturellen Meisterleistungen ihre Urheber. Wir wissen, wer die Mona Lisa gemalt hat oder wer das Auto erfunden hat oder das Smartphone. Aber es gibt auch diese vielen ungenannten Ingenieure, Chemiker, Gestalter und Kulturschaffenden, die täglich Beeindruckendes leisten, von denen wir aber noch nie etwas gehört haben.

An dieser Stelle also soll einmal ein ganz großes Lob für und Dankeschön an all die Unbekannten ausgesprochen sein, die dreilagiges Klopapier erfunden haben, den Airbag, die wiederverschließbare Nudelpackung, den Chip für Einkaufswagen und intelligente Kreislaufsysteme zur Schonung von Ressourcen und Umwelt.

Man muss wohl nicht mal mehr ein Genie sein, dass so etwas gelingt. Das »Post-it®« beispielsweise, auch der gelbe Klebezettel genannt, war ein Versuchsfehler eines Produktentwicklers bei der Firma 3M. Eigentlich sollte ein neuer dünner Klebstoff für eine feste Verbindung entwickelt werden, aber die Versuchsreihen lieferten stets unzufriedenstellende Ergebnisse. Der Klebstoff hielt zwar leichte Objekte konstant zusammen, aber sie ließen sich immer wieder voneinander lösen. Es hat noch eine ganze Weile gedauert, bis das Potenzial dieses Klebeverhaltens ein Milliardengeschäft begründen konnte und uns nun schon seit Jahrzehnten dienlich ist.

Der Wunsch, etwas Perfektes machen zu wollen, liegt wohl in einem tief sitzenden Gefühl vermeintlicher Unzulänglichkeit unserer menschlichen Existenz begründet. Vielleicht wollen wir uns auch nur mit der kreativen Kraft unseres Schöpfers messen, der jeden Tag nach getaner Arbeit sein Werk ansah, um festzustellen, dass es gut war. Und wenn Gott sagt, dass etwas gut sei, dann muss es schon wirklich gut sein – mindestens perfekt, oder?

Mir geht es bei dem Antrieb, etwas sehr Gutes zu gestalten, weniger um Anerkennung, Berühmtheit und Ansehen, auch wenn das in der persönlichen Eitelkeit immer Resonanz findet, sondern es ist eher ein stilles

Einvernehmen, eine Art Dialog mit dem Geschaffenen, das einem hoffentlich zuspricht: »Hey, hier ist etwas ganz Besonderes entstanden.« Ich möchte Zuspruch von meiner Arbeit selbst.

Menschen laufen eh achtlos und hektisch auf der Straße an unseren gestalteten Plakaten vorbei, zerknicken Broschüren in ihrer Hand, für die wir aufwendig das Papier ausgewählt haben, oder scrollen gedankenlos und zielorientiert zu einer gesuchten Information, ohne die wunderbare Ordnung der Websitegestaltung wahrzunehmen. Sie ahnen nichts von dem Ringen um die am besten geeignete Schrift, Farbauswahl und Proportion, vom Verwerfen unzähliger Headline-Ideen, einer noch besseren User-Experience, dem Scheitern und Wieder-Mut-Finden um eine noch bessere Lösung zu realisieren.

Was ich mit der eingangs beschriebenen Milde einerseits und dem Antrieb nach Perfektion andererseits meine, ist Folgendes: Es ist weniger die mit der Zeit abnehmende Lust oder Kraft, den eigenen hohen Anspruch immer wieder zu erfüllen, es hat vielmehr mit einem erweiterten Blick zu tun – ich mag es die Weisheit des Lebens nennen.

Der Wunsch nach Perfektion ist eine Utopie, denn nichts in der belebten Natur ist so statisch, dass es nicht die Rahmenbedingungen für das Geschaffene verändern und damit eine dynamische Bewertung nach sich ziehen könnte. Das Perfekte hingegen zielt auf das Ultimative, das es so in dieser Form gar nicht gibt. Und das Streben nach dem Perfekten schließt das Leben in seinen Bewegungen und Wachstumsprozessen kategorisch aus. Eigentlich glauben wir, mit unserem Anspruch an Perfektion die ganze Welt anhalten zu können, damit sich das Zeugnis über das innewohnende Perfekte konstant einstellen möge.

Angestrebte Perfektion kann im besten Fall eine Sicherheit für einen Verwender erzeugen, sich auf das Objekt seiner Wahl leichter verlassen zu können. Denn das Engagement, das Beste leisten zu wollen, wird eher eine ausgereifte Lösung hervorbringen als das Ergebnis derer, die mit weniger zufrieden sind.

Perfektion ringt letztlich um die Eliminierung jeder Fehlerhaftigkeit, und damit beginnt ein Kampf, der der eigenen Existenz unweigerlich das Leben entzieht. Denn Leben kann sich nicht ausreichend entfalten, wo die Vermeidung von Fehlern zur obersten Prämisse wird. Denn Leben will gelebt werden und stellt sich nicht durch die Vermeidung von Fehlern ein.

Perfektion ist letztlich eine Fata Morgana. Sie gaukelt uns vor, wir könnten dieses erlösende Wasser jemals erreichen, aber es ist nur das flirrende Bild eines überhitzten Anspruchs an unser eigenes Dasein. Das führt unweigerlich in die Erschöpfung. Nach burn kommt out.

Was könnte trösten? Was könnte uns eine befriedigende Antwort auf diesen fordernden Selbstanspruch geben? Ich glaube, dass Wolfram oftmals eher zu der Weisheit gelangt ist, zu sagen: »Es ist genug. Wir haben alles gegeben, es reicht, morgen ist die Präsentation. Den Rest haben wir nicht in der Hand.« Ich schätze seinen Pragmatismus und auch die Übersicht, sich nicht in Zeit und Aufwand zu verlaufen. Schließlich muss ein Gestaltungsvorgang irgendwann seinen Abschluss finden. Und in der Regel wird das von außen herbeigeführt – durch vorgegebene Termine oder begrenzte Etats. Und interessant ist, dass die Lösungen, die die Aufgabe schon sehr gut erfüllt haben (ohne vielleicht absolut perfekt zu sein), Begeisterung erzeugt und zu wichtigen Meilensteinen für den Erfolg unserer Kunden – und auch unseres eigenen Schaffens wurden.

Es ist so wertvoll zu wissen, dass wir nicht alles selbst in der Hand haben, dass die Dinge sehr gut werden können, auch ohne unser direktes Dazutun. Dass uns vieles zufällt, geschenkt wird. Dass wir hineingegeben sind in einen noch größeren Gestaltungsauftrag, den wir nicht ermessen können. Dass wir selbst nicht perfekt sein müssen und es gar nicht erst versuchen sollten.

In der deutschen Sprache gibt es ein Wort, das es meines Wissens in keiner anderen Sprache gibt, und das geht auf Martin Luther zurück, der uns durch seine erste Bibelübersetzung vielfältige Wörter und Wortbedeutungen geschenkt hat: das Wort »Gelingen«. Im Englischen würde man vielleicht sagen »well done«, aber es bedeutet nicht das Gleiche. Im Gelingen drückt sich aus, dass da etwas dazugegeben wird in unser Engagement, damit ein gutes Ergebnis entsteht. Eines, das nicht von mir bloß gut gemacht ist, sondern da ist etwas gelungen. Ich kenne den Begriff von meiner Mutter, die, in den Ofen schauend, mit Kennerblick feststellte: »Ich glaube, der Kuchen gelingt.« Wir besorgen die Zutaten, vermengen alles, füllen es in eine Form und hoffen auf einen guten Ausgang. Aber letztlich kann die Vorbereitung noch so gründlich sein, es braucht am Ende doch mehr, damit es so wird, wie wir es erhoffen. Die Temperatur des Ofens muss stimmen, die Luftfeuchtigkeit und das Timing.

Neben dem Begriff der Perfektion sprechen wir auch von der Vollkommenheit. Von der Wort-Architektur treffen hier die Worte »voll« und »kommen« aufeinander, und das sicher nicht ohne Grund. Das volle Maß an Möglichem muss erst noch kommen. Vollkommenheit verweist auf etwas, das nicht im Hier und Jetzt gemacht werden kann, sondern sich mit etwas verbindet, das wir nicht selbst endgültig fassen und bewerten können. Das Vollkommene wird vom Leben selbst gestiftet. Das Vollkommene hat nicht nur für den Moment Bestand, sondern folgt der Kategorie des Ewigen. Vollkommen kann nur sein, was sich stets mit dem Leben verbunden weiß und nicht die Fehlerlosigkeit für den Moment konstatiert.

Und mehr noch: Diese Befreiung vom Perfektionsdrang und damit dem Anspruch an die eigene Fehlerlosigkeit durch den Zuspruch »Es ist genug« ist die ultimative Einladung zu einem befreiten kreativen Leben voller Überraschungen und Dankbarkeit.

Manchmal wird aus einer Idee eine Welle

Wolfram Heidenreich // Vor vielen, vielen Jahren war ich als Jugendlicher in Frankreich am Atlantik. Dort rollen riesige Wellen an die Strände. Surfbretter hatten wir nicht, aber ab und zu gelang es uns, auf dem Bauch einen Wellenkamm so zu erreichen, dass wir uns mit großem Tempo bis an den Strand tragen lassen konnten. Wenn das nicht gelang, packte uns die Welle und wirbelte uns so durch, dass wir nicht mehr wussten, wo oben und unten ist.

Es gibt ab und zu Ideen und Themen, die es schaffen, von einer Welle getragen zu werden, und so große Wirksamkeit erzeugen, wogegen andere, die vielleicht genauso wertvoll wären, es nie über die Aufmerksamkeitsschwelle der Wahrnehmung schaffen.

Tiki Küstenmacher, Pfarrer und Karikaturist, mit dem wir schon viele Jahre freundschaftlich verbunden sind, hatte uns in ein Projekt mit hineingenommen, von dem man zu der Zeit noch nicht wusste, was daraus entstehen würde. Der Verleger Detlef Koenig hatte das Thema in den USA gescoutet und die leise Ahnung und Hoffnung, dass da ein Schatz zu heben sein würde. So hat er ein Team zusammengestellt, eine Marke entwickelt und als erstes Produkt einen Newsletter auf den Markt gebracht.

Mit einfachen Eingriffen, bei dem im Schriftzug drei Buchstaben zu einer Ligatur zusammengezogen wurden, gestalteten wir eine Wortmarke, die durch einen von Tiki gezeichneten Schmetterlingsmann ergänzt wurde, um die Idee zu visualisieren: »Simplify your life«. Wir alle ahnten nicht, dass damit eine Weltmarke entstand.

Das schließlich zu dem Thema von Tiki geschriebene und mit seinen einzigartigen Zeichnungen illustrierte Buch »Simplify your life« hielt sich nicht nur über fünf Jahre auf der Spiegel-Bestsellerliste, sondern weltweit wurden über 3,5 Millionen Exemplare in 40 Sprachen verkauft. Von Skandinavien bis in den Fernen Osten und die USA. Das Gefühl, dass unser Leben zu komplex geworden ist, und die Sehnsucht nach Einfachheit vereint seit dem Erscheinen des Bestsellers im Jahr 2001 Simplify-Fans auf der ganzen Welt.

Der Kollege, der für den Campus-Verlag das von uns entwickelte markante Zeichen zwischen zwei gelben Streifen auf das Buchcover gesetzt hatte, wurde im Impressum der Bücher als Urheber genannt, wir leider nicht.

Dass es ein von uns entwickeltes Zeichen gibt, das fast jeder kennt, hat uns an manchen Stellen geholfen. »Ach, das Zeichen ist von Ihnen ...«, wurde in Präsentationen anerkennend gesagt. Gemeinsam mit Detlef Koenig haben wir im Laufe der Jahre noch manche anderen Projekte auf den Weg gebracht und sind dankbar für dieses Beispiel treuer Zusammenarbeit, die wir zum Glück immer wieder erlebt haben.

Tiki haben wir anlässlich eines runden Geburtstages einmal eine »Simplify-Bibel« geschenkt. Mithilfe einer Konkordanz haben wir die Bibeltexte nach dem Wort »einfach« durchsucht. Eine Auszubildende erhielt die Aufgabe, mit einem Textmarker in der Bibel alle diese Stellen gelb zu markieren, beispielsweise das Zitat von Jesus in Matthäus 5:37: »Sagt *einfach* ›Ja‹, wenn ihr ›Ja‹ meint, und ›Nein‹, wenn ihr ›Nein‹ meint« – ganz einfach.

Ein Markenzeichen für eine Erfolgsstory. Viele bemerken die Vereinfachung in den Buchstaben des Zeichens gar nicht, das ist Absicht.

Willkommen im Reich der Farben

Wolfram Heidenreich // In dem legendären Film »Ödipussi« berät eine Psychologin (Evelyn Hamann) ein älteres, in jeder Beziehung sehr graues Ehepaar, um der Partnerschaft neuen Glanz zu verschaffen. »Unterstützt« wird Sie dabei vom Möbelverkäufer Winkelmann (Loriot), der für mehr Farbe im Leben der älteren Herrschaften sorgen soll. Die Theorie der Psychologin: in grauen Polstermöbeln nehmen sich Ehefrauen häufiger das Leben als in bunten!

Die Psychologin gibt sich größte Mühe, mit frischen Farben im Wohnbereich die Beziehungsprobleme von Ehepaar Melzer in den Griff zu bekommen, der Verkäufer hat extra eine Sammlung farbiger Stoffmuster mitgebracht. Frau Melzer ist aber mit Grau, wie sie sagt, ganz zufrieden. Damit kann Herr Winkelmann dienen und bietet gleich aus seiner Palette von 28 grauen Stoffmustern etwas an: Mausgrau, Staubgrau, Aschgrau, Steingrau, Bleigrau, Zementgrau … Er ist eben ganz und gar Verkäufer.

Wenn wir unserem Gegenüber eine Idee geben wollen, welche Farbe wir gerade vor Augen haben, brauchen wir dazu verschiedenste Referenzen. Wir können sagen, dass ein Blauton etwas ins Grünliche oder ins Rötliche geht, aber das Blau exakt zu beschreiben, funktioniert nicht. Das Gegenüber muss es sehen, auch weil jeder eine eigene Farbwahrnehmung hat und wir unterschiedlich sehen, dazu braucht es Hilfsmittel wie z. B. Farbmusterbücher. Eines der bekanntesten Modelle, um Farben zu beschreiben, ist das CMYK-Verfahren, dass im Vierfarbdruck angewendet wird. Wir kennen es auch über die Farbkartuschen, die bei Tintenstrahl- und Farblaserdruckern eingesetzt werden. Dabei werden die Farben Cyan (blau), Magenta (rot-pink), Yellow (gelb) und Key (schwarz) in bestimmten Prozentanteilen gemischt. Ein Yves-Klein-Blau wird dann z. B. mit CMYK 100. 72. 0. 35 definiert, was den jeweiligen Anteil der Farben wiedergibt.

Die Bilder, die der spanische Maler Pablo Picasso in seiner »blauen Periode« geschaffen hat, haben eine melancholische Stimmung. Wenn ein englischsprachiger Mensch Traurigkeit ausdrücken möchte, spricht er von »feeling blue«, und eine ganze Musikgattung bezeichnen wir mit einer Farbe, dem »Blues«, dessen Entwicklung eng mit dem Schicksal der afroamerikanischen Bevölkerung in den USA und ihrer Unterdrückung verbunden ist.

Im Positiven symbolisiert Blau z. B. Ruhe, gleichzeitig repräsentiert die Farbe auch Gelassenheit, Besonnenheit, Objektivität, Neutralität und Klarheit. Blau vermittelt ein Gefühl von Sicherheit und flößt Vertrauen ein. Vermutlich auch deshalb ist Blau die Lieblingsfarbe der meisten Menschen und auch eine der am häufigsten verwendeten Farben für die Gestaltung von Firmenlogos in einer Vielzahl von Branchen.

Über alle diese Aspekte denken wir im Alltag nicht bewusst nach. Wir sind umgeben von Farben in der natürlichen und der künstlichen Umwelt. Unser Auge ist ein Wunderwerk, wir können 20 Millionen Farben wahrnehmen. Dafür sind unterschiedliche Arten von Sinneszellen in der Netzhaut verantwortlich, die jeweils auf das Licht in den unterschiedlichen Wellenlängen reagieren. Jeweils fünf Millionen farbsensitiver Sinneszellen sind für die Umwandlung von blauem, grünem und rotem Licht in elektrische Signale zuständig und leiten diese an unser Gehirn weiter.

Etwa 200 Farbtöne können wir unterscheiden und je nach Farbintensität pro Farbton 500 Abstufungen erkennen. Je nach Weißanteil kommen pro Farbton noch 20 Varianten dazu, so errechnen sich die 20 Millionen Farben.

Aus der Perspektive der modernen Naturwissenschaft ist »Farbe« ein Sinneseindruck, der durch elektromagnetische Wellen unterschiedlicher Länge hervorgerufen wird. Man geht allgemein davon aus, dass bestimmte Farbwahrnehmungen in verschiedenen Epochen und Kulturkreisen ähnliche psychologische Wirkungen ausgelöst haben.

Zu jeder Farbe kann man im Blick auf ihre kulturelle und psychologische Bedeutung und Wirkung ganz viel Spannendes entdecken und beschreiben.

Faszinierend ist doch, dass wir in Gärten und Wäldern nahezu unendliche Schattierungen von Grün sehen. Jeder Strauch, jeder Baum, jedes Gras – sogar innerhalb einer Pflanze gibt es Abstufungen von hell bis dunkel, und wenn wir auf den Herbst warten, wird es ganz verrückt im Wald. Man mag sich gar nicht vorstellen, wie es wäre, wenn alle Pflanzen einfach nur grün wären. Wir kennen das von Kunstpflanzen, aber selbst die werden inzwischen perfektioniert, sind farblich unglaublich nuanciert und lassen sich manchmal als solche kaum identifizieren.

Der Maler Claude Monet war so fasziniert vom unterschiedlichen Spiel des Sonnenlichtes im Tagesverlauf, dass er mit einer Schubkarre voller Leinwände in die Natur gezogen ist und an der einen Leinwand morgens, an der anderen mittags und an der dritten nachmittags immer das gleiche Sujet in ihrem speziellen Licht- und Farbenspiel gemalt hat. Von einer Reihe Pappeln am Ufer der Epte malte er 23 Bilder. Als die Bäume von der Gemeinde versteigert werden sollten, erstattete er dem Holzhändler den Betrag und konnte so erreichen, dass die Bäume erst später gefällt wurden.

Was die differenzierte Wahrnehmung von Farben bei uns auslöst, kennen wir aus vielen Alltagssituationen: Das Signalrot einer Ampel lässt uns in Bruchteilen von Sekunden auf die Bremse treten. Im Zeitungskiosk erkennen wir daran sofort die Zeitungen, die man wegen der großen Buchstaben schnell lesen kann, wo die Themen plakativer behandelt werden. Da, wo die Schrift kleiner und in Schwarz oder Blau gehalten ist, wissen wir: Hier wird das Zeitunglesen anspruchsvoller. Das funktioniert in der ganzen Welt so.

Als Designer müssen wir die Klaviatur der Wirkungsweise und Bedeutung von Farben kennen, um damit virtuos und zielgerichtet umgehen zu können. Natürlich spielen auch bei uns Vorlieben für bestimmte Farben manchmal eine Rolle. Ich konnte mir zum Beispiel lange nicht vorstellen, die Farbe Türkis in einem Corporate-Design-Konzept zu verwenden, weil ich sie persönlich nicht mag. Niemals würde ich ein türkisfarbenes Hemd anziehen. Irgendwann habe ich die Farbe bei einem Projekt dann doch als zentrale Farbe eingesetzt, weil sie in dem Kontext richtig und passend war.

Farben gehören zu Marken genauso dazu wie Formen, Zeichen, Schriften. Wir kennen die Farbe Magenta im Zusammenhang der Telekommunikation, Blau-Weiß von Kindheit an als Creme, und durch die Ereignisse in der Ukraine ist plötzlich die Farbkombination von Gelb/Hellblau überall präsent und wurde zum markanten Symbol für die Identität eines Landes. Wo immer es um das Thema Öko und Natur geht, kommt man um ein frisches Maigrün nicht herum.

Ähnlich wie unterschiedliche Töne und Tonfolgen eine bestimmte Stimmung, z. B. Harmonie, Dynamik oder auch Spannung ausdrücken können, lässt sich dies auch mit Farben und insbesondere mit der Kombination von Farben erzeugen. Dabei sprechen wir von einem Farbklang. McDonald's ist vor ein paar Jahren dazu übergegangen, dem dominanten Rot und dem gelben M einen dunklen Grünton zuzuordnen. Das ging nicht nur einher mit einer generell wertigeren Positionierung der Marke an Top-Lagen – nicht mehr nur zwischen den Tankstellen am Stadtrand –, sondern mit der neuen Farbgebung wollte man auch dem Aspekt des Respektes vor der Umwelt Ausdruck geben. Damit verbunden war auch die Integration des Themas Kaffee in die Restaurants.

Vorher war man auf kurze Verweildauer und schnellen Warenumschlag aus, jetzt forciert man stärker längere Besuche. Ergänzt durch das dunkle Grün, bekam der Gesamtklang eine deutlich veränderte Grundstimmung und Atmosphäre. Designer haben dies mit Bewusstsein konzipiert, der Gast nimmt es intuitiv wahr.

Es lohnt, den großen Farbkasten der Schöpfung in den Blick zu nehmen und alle Tasten der Klaviatur einzusetzen, um einzelne Töne, Akkorde und auch Kadenzen zu spielen. Mit Blau kann man zwar auf Nummer sicher gehen, aber damit erregt man weder im negativen wie im positiven Sinn Aufsehen. Trotzdem liebe ich Blau. Vielleicht hängt das auch damit zusammen, dass die Farbe Blau in der jüdisch-christlichen Kultur immer schon mit dem Überirdischen, dem Göttlichen in Verbindung gebracht wurde.

Diese Farben verwenden die weltweit größten Marken in ihrem Logo:*

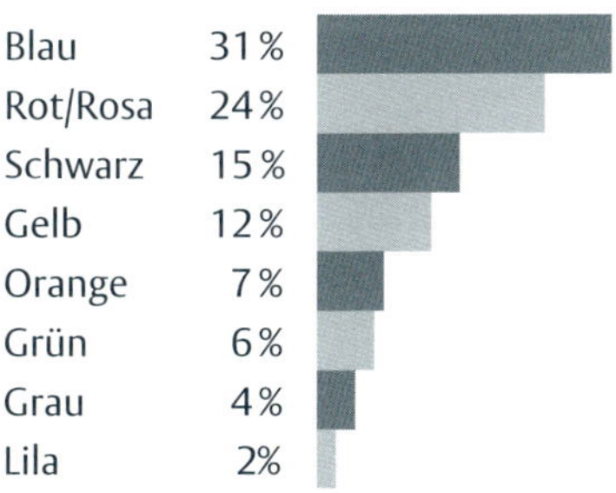

* Quelle: https://www.solopress.com/blog/de/business-marketing/psychologie-hinter-den-logos-der-welt/

Gute Ideen kann man schriftlich kriegen

Michael Buttgereit // Wenn Sie täglich Ihre Mails schreiben, dann nehmen Sie sicher wahr, dass diese getippten Zeichen genau das tun, was sie sollen, nämlich Ihre Anliegen in die Welt tragen. Vermutlich nehmen Sie nur beiläufig zur Kenntnis, dass jedes einzelne Zeichen in den verschiedenen Schriftarten, die Sie im Menü auswählen können, jeweils eine besondere Anmutung hat.

Wie gut, dass es Schriften gibt, denn so können wir Gesprochenes und Gedachtes festhalten, vielleicht sogar für die Ewigkeit aufbewahren. Über die Jahrhunderte sind Tausende von Schriftarten und Typen entstanden, die uns allen ein unausschöpfliches Feld der Kreativität eröffnen. Je nachdem, welche Schrift wir wählen, wirkt unser Schreiben nüchtern, seriös oder verspielt, Überschriften »springen« uns von Plakaten an, weil die Schrift auch auf die Entfernung gut lesbar ist.

Schriftgestalter zu sein, war stets die Königsdisziplin des Entwerfens. Über die Jahrhunderte bis in die Neuzeit gab es prominente Schriftentwerfer, deren Namen mit ihren Werken derart verschmolzen sind, wie wir das heute vielleicht noch von Popstars kennen. Garamond, Didot, Bodoni, Frutiger, um nur einige zu nennen, sind aus dem Olymp der Typografie nicht mehr wegzudenken. Die von ihnen entworfenen Schriften werden zum Teil seit Jahrhunderten eingesetzt.

Früher war es eine Kunst, Schriften zu setzen. Die Lettern wurden zu Gutenbergs Zeiten aus Holz geschnitzt, später in Blei gegossen. Heute hat beinahe jeder Zugriff auf eine große Anzahl an Schriften. Seitdem wir durch den Computer und das Internet eine Allgemeinverfügbarkeit und die Möglichkeit der globalen Verbreitung von Schriften haben, weiß niemand genau, wie viele unterscheidbare Schriften überhaupt im Umlauf sind.

Einige Schrifttypen leben sozusagen auf großem Fuß, weil sie am Ende der Buchstaben eine feine Ausprägung haben, die sogenannten Serifen (dieses Buch ist in einer solchen Schrift gesetzt, sie trägt den Namen Chaparral). Andere Schriften haben so etwas nicht, das fand man früher absurd, deshalb heißen diese Typen »Grotesk«. Es gibt dünne, leichte, halbfette, fette und kursive Familienmitglieder und zur Krönung eine Vielzahl an Sonderzeichen.

Eine neue Schriftfamilie zu erwerben und die Möglichkeiten, die sich damit ergaben, auszuprobieren, ist für mich immer wie ein Fest. Es aktivierte Spieltrieb und Gestaltungslust gleichermaßen. In der Agentur gewannen wir manche Typen über die Jahre lieb.

Aber jede frische Liebe, die nicht langfristig gepflegt wird, wird von Jahr zu Jahr mehr überlagert von einer unübersehbaren Anzahl an neuen Beziehungen, sodass die Zuwendung zu *der einen* Type immer weniger wurde. Irgendwann erkannten wir sie nicht einmal mehr auf Anhieb wieder, noch erinnerten wir uns an ihren Namen. Hunderte von Schriftfamilien fanden nach und nach auf unseren Computern Heimat. Wir hatten den Eindruck, dass sie zunehmend austauschbar aussahen. Im Rückblick hätten vielleicht sogar ein Dutzend Schriftfamilien ausgereicht, um eine exzellente Arbeit zu leisten. Auf jeden Fall nahm die Intensität der Beziehung zu einer einzelnen Schrift und das Wissen um ihre Qualitäten zunehmend ab.

Dabei lieben wir Gestalter Schriften, denn sie ermöglichen uns neben dem Bild, grafischen Formen und Farben eine entscheidende vierte Dimension des Designs und der Ideenfindung: Inhalte in eine optimierte und angemessene Form zu bringen.

Vielleicht wissen Sie nicht, dass Designer Schriften anhand von vier verschiedenen Kriterien beurteilen und sie so leichter auswählen können. Schriften haben stets eine geschichtliche Dimension und so verbinden wir bestimmte Typen mit bestimmten Zeiten. Wir kennen Schriften aus der Gotik und der Renaissance, dem Barock, dem Klassizismus und der Moderne – und immer transportieren sie ihre Zeit in technischer und ästhetischer Hinsicht mit. Darüber hinaus bieten Schriften die Möglichkeit, in ihren Buchstaben selbst interpretierbare Dinge, Geschöpfe oder übertragbare Zeichen und Bedeutungen zu entdecken. Da sieht ein kleines »g« aus wie eine Biene oder in einem »o« erkennen wir eine Sonne, einen Reifen oder Ball. Je nach Aufgabenstellung kann man aus diesen Entdeckungen tragfähige Ideen ableiten, die schnell unvergesslich werden. Was liegt dann näher, als dem Wort »Honig« am Ende ein Bienen-»g« anzuhängen? Oder wer hat zuvor erkannt, dass in dem Wort Schre**IBM**aschine selbst das Kürzel IBM verborgen ist? Diese Entdeckung führte zu einer der erfolgreichsten Werbekampagnen für den amerikanischen Hersteller von technischen Schreibsystemen.

Das dritte Kriterium, anhand dessen wir Schriften auswählen, ist die gewünschte Funktion. Die Wahl einer Schrift für ein Buch wird anders ausfallen als die für eine Plakatheadline.

Und dann gibt es noch eine weitere Kategorie, über die man trefflich streiten kann: Welche Emotion wollen wir durch die Schrift erzeugen? Haben wir ein ernstes oder heiteres Thema vor uns? Geht es um Spontaneität oder um die Vermittlung gesicherter Erkenntnisse? Soll das Vermittelte Energie oder Ruhe ausstrahlen, laut oder leise wirken?

Nicht immer können wir sicher sein, ob der Bildungskontext, in dem wir den Einsatz unserer Schriftwahl vor Dritten rechtfertigen, konsistent ist. Da wird dann viel über Geschmacksfragen gesprochen. Machen Sie dazu eine kleine Übung: Setzen Sie sich an Ihren PC und schreiben Sie in ein Programm, das Ihnen die Möglichkeit dazu bietet, verschiedene Schriftarten zu wählen, Ihren ganzen Namen. Kopieren Sie die Zeile mehrfach und wählen Sie dann für jede neue Zeile eine andere Schrift aus, bis Sie den Eindruck haben, dass die Schrift Sie am besten repräsentiert. Stellen Sie sich die Frage: Warum fühle ich mich mit dieser Schrift wohler als mit einer anderen? So werden Sie eine Menge über die Wirkung verschiedener Schriften und aber auch über sich selbst erfahren.

Wer gerne schreibt und liest, wird den Vorzug einer überzeugenden Typografie zu schätzen wissen. Eine angemessene Schriftform auszuwählen, kann im Zeitalter der Massenkommunikation einen Akt der Mitmenschlichkeit darstellen. Denn wie schnell ermüdet die oder der Leser*in, weil Schriften zu klein, zu fein oder fett, Zeilen zu lang oder zu kurz geraten sind. Für all dies tragen wir als Gestaltende Verantwortung.

Damit beim Lesen eines Textes das Auge nicht so schnell ermüdet, sollten sich in einer Zeile nicht weniger als 8 und nicht mehr als 12 Wörter befinden. Da unser Auge Effizienz und Übersichtlichkeit liebt, kann es bei circa 10 Wörtern pro Zeile den Text optimal erfassen. Das beruhigt den Orientierungssinn und wir bleiben länger konzentriert und frisch beim Lesen. Machen Sie den Test. Ziehen sie ein Buch eines namhaften Verlages aus ihrem Bücherregal, und zählen Sie die Wortmenge in einer Zeile. Sie werden erstaunt sein, dass dieses Wissen schon lange bei den Fachleuten Bestand hat.

Das Auge erkennt fast jedes Wort auf Anhieb als gelerntes Muster aus Anfangsbuchstabe und Endbuchstabe und der Länge des Wortes. Dabei ist es dem Auge vollkommen egal, in welcher Reihenfolge die zwischen Anfang und Ende liegenden Buchstaben des Wortes angeordnet sind. Machen Sie auch hier einen Test, Sie werden erstaunliche Erfahrungen machen. Hier eine kurze Kostprobe: Die Bcuhstbaenrehenifloge in eneim Wrot ist eagl, da usner Gehrin nchit jeedn Buchtsaebn eiznlne leist, snodren das Wrot als Gzanes.

Wie man gute Ideen an den Tisch bittet

Michael Buttgereit // Zufall – ein sehr schönes Wort! »Es war reiner Zufall«, das sagen wir wohl, wenn uns etwas unerwartet Gutes widerfahren ist. Das Staunen beginnt für uns in besonderer Weise durch das Erleben des Unerwarteten. Unsere Arbeit und alles, was geworden ist, verdanken wir im Rückblick einer unübersehbaren Aneinanderreihung von Zufällen. Machen Sie selbst einmal das Experiment. Blicken Sie zurück auf Ihr bisheriges Leben. Gab es Ungeplantes und Unerwartetes, das Ihnen begegnet und widerfahren ist und das Ihr Leben noch heute prägt und wofür Sie dankbar sind? – Sie werden erstaunt sein, was Ihnen alles einfällt. Natürlich haben Sie vieles gut durchdacht und vorbereitet, sich beispielsweise Einkaufslisten geschrieben und diese Dinge im Supermarkt präzise aus den Regalen in Ihren Einkaufskorb gelegt, an die Kasse getragen und zu Hause in Ihrem Kühlschrank verstaut. Oder Sie haben für eine Prüfung fleißig gelernt und deshalb folgerichtig gute Noten geschrieben; sich Gedanken über Ihre Berufswahl gemacht und einen Ausbildungsweg eingeschlagen. Aber all das war ja nur der selbstbestimmte Parcours Ihres Lebens. Das Wesentliche, was Ihr Leben bislang ausgemacht hat, lag sicher nicht ausschließlich in Ihrer direkten Verfügbarkeit oder Planbarkeit – stimmt's!? Was ist Zufall? Stellen Sie sich vor: Sie wandern auf Ihrem Lebensweg, und im richtigen Moment halten Sie am richtigen Ort die Hände auf und es fällt ein reifer, süßer Apfel hinein. Die Frucht löst sich genau in dem Moment vom Ast eines Obstbaumes, als Sie darunter stehen. Das kann man nicht planen. Ein glücklicher Umstand, unerwartet, ein Geschenk, unverdient, zugefallen eben.

Durch Zufälle und unerwartete Ereignisse nimmt unser Lebensweg wundersame Wendungen, und es entstehen neue Pfade, die sich in der Rückschau als genau der richtige – als Ihr Weg – erweisen.

Was kann einem nicht alles zufallen: eine Begegnung, ein Buch, ein Wort, eine Tür. – Ja, tatsächlich können einem auch Türen zufallen und dies in doppeltem Sinn. Denn manchmal werden wir zufällig auch vor etwas Schlechtem bewahrt. Eine vermeintliche Chance kommt nicht zum Tragen. Umstände entstehen, dass sich eine Tür unerwartet schließt. Auch wenn uns das zunächst als Widerstand oder Misserfolg auf unserem Weg erscheinen mag – Türen, die sich verschließen, gehören sicher zu den wertvollsten Zufällen, die wir kennen.

Damit Zufälle sich leichter ereignen können, benötigt es, so will ich es nennen, »Gelegenheiten der Beiläufigkeit«. Dies ist die kleine Schwester des Zufalls. Es sind die Umstände, auf die wir nicht abgezielt haben, an denen wir auf unserem Lebensweg vorbeilaufen oder die uns begegnen und sich in unser Leben als günstig einweben wollen. Begebenheiten und Personen, die uns freundlich gesonnen sind, die uns Begleiter und Wegweiser sein wollen, unplanbar und eher beiläufig. Wir können Unterbrechungen als störend und Zeitverschwendung einordnen – oder als Momente wunderbarer Möglichkeiten. Wenn ich auf mein Leben und auch auf das mancher Freundinnen und Freunde zurückblicke, wundere ich mich wirklich, warum wir vieles nicht öfter einfach dem Zufall überlassen. Oft sind es die Momente vollkommener Absichtslosigkeit, die im Rückblick besonders wichtig sind. Die Zufälle, die mein Leben am reichsten gemacht haben, sind die unerwarteter Begegnungen mit Menschen, die zu Freunden geworden sind.

Wolfram und ich erinnern uns an eine Konferenz in Nürnberg, auf der wir unser Unternehmen präsentieren wollten. Einer der Keynote-Speaker ist Martin Schleske, Geigenbauer aus München. Wir sind sehr beeindruckt von seinem Vortrag, und viele seiner Gedanken gehen uns noch lange nach. Am Abend sitzen wir in der Hotellobby in einer Runde von Konferenzteilnehmern, als die Tür aufgeht und Martin Schleske hereinkommt. Etwas orientierungslos sucht er nach einem Ort, wo er einen Platz finden kann. Da neben mir noch genau ein Sessel frei ist, lade ich ihn ein, Teil unserer Tischgemeinschaft zu werden. Wir kennen uns bislang nicht, aber sein beeindruckender Vortrag am Vormittag lässt auf einen interessanten Austausch hoffen. Mit großer Leichtigkeit entsteht ein Gespräch, und wir spüren beide sofort, dass dies der Anfang eines intensiven Austauschs sein könnte. Der Tag war lang, also verabreden sich Wolfram und ich mit Martin Schleske zum Frühstück am nächsten Morgen, um das Gespräch fortzusetzen.

Schon sehr früh morgens finden wir drei uns im Frühstücksraum des Hotels ein. Ein eng getakteter Tag mit ausgiebigem Programm liegt vor uns. Wir sind eigentlich extra nach Süddeutschland gefahren, um Termine zu vereinbaren und um potenzielle Kunden zu treffen. Aber wir können nahtlos an das gute Abendgespräch anknüpfen und vergessen darüber die Zeit. Das Hotelpersonal hat längst das Buffet abgeräumt, aber unser Gespräch und die Themen wollen kein Ende nehmen. Martin spricht von einem geplanten Buch, das er gerne mit uns gestalterisch umsetzen würde, und so entsteht aus dieser Begegnung eine lang anhaltende, wertschätzende, persönliche und fachliche Beziehung.

Einige Wochen später sitze ich mit Martin Schleske bei seinem Verleger in München und wir besprechen das Buchprojekt. »Der Klang« soll das Buch heißen, aber es fehlt noch ein inspirierender, richtungsweisender Untertitel. Plötzlich fällt mir eine wunderbare Zeile ein, die den Anspruch des Haupttitels weiterführt: »Vom unerhörten Sinn des Lebens.« Und mit diesem Titel geht das Buch in Druck. Es verbreitet sich schnell, wird ein Bestseller und ist mittlerweile in mehrere Sprachen übersetzt.

Martin, Wolfram und ich sind nun schon seit vielen Jahren Weggefährten. Auch wenn wir uns nicht allzu oft begegnen, verbindet uns eine wunderbare Gemeinschaft. Und das konnte nur möglich werden, weil zufällig ein Sessel in einem Hotel neben mir frei war und ich Martin beiläufig eingeladen habe, bei uns Platz zu nehmen.

Mir fällt nichts ein

Wolfram Heidenreich // Die Präsentation ist für morgen 15 Uhr angesetzt. Seit Tagen arbeitet das Team an dem Projekt. Die Wände sind voll mit Skizzen und Scribbles, aber es ist keine brauchbare Idee oder Spur dabei, die so gut ist, dass es lohnt, sie auszuarbeiten und zu präsentieren. Es sieht nach einer Nachtschicht aus, der Pizzabote wird schon mal bestellt. Alle sind höchst angespannt und Nervosität macht sich breit.

So stellen sich viele das Szenario in einer Agentur vor. Tatsächlich kann ich mich kaum an eine konkrete Situation erinnern, in der es uns so ergangen ist. Eher erinnere ich mich daran, dass nach einem Briefing oder nach dem genauen Erfassen der Aufgabenstellung der Respekt vor dem, was zu leisten ist, groß und größer wurde. Sicherlich ist dabei manchmal auch Angst aufgekommen und der Gedanke: »Lässt sich diese anspruchsvolle Aufgabe tatsächlich lösen?« Über die Jahre ist aber auch mit der Erfahrung, dass wir letztlich immer einen Weg gefunden haben, Gelassenheit gewachsen. Tatsächlich ist auch Demut und das Wissen um die »Nichtverfügbarkeit« und die eigene Begrenztheit ein wichtiger Faktor. Manchmal muss man auch einfach loslassen können.

Tatsächlich gibt es unzählige Möglichkeiten, inspiriert zu werden und auch Ideenfindungsprozesse zu stimulieren. Für uns ist das ein normaler Teil unserer Arbeit. Das Vertrauen in die eigenen Fähigkeiten, die Erfahrung und dass wir das ›Beschenktwerden‹ auch kennen, spielen eine Rolle. In anderen Kapiteln des Buches beschreiben wir den Wert von guten Teams, welche Chancen in dem vertrauensvollen gemeinsamen

Arbeiten an Projekten liegen. Aber auch den Faktor »Segen« und dass Ideen ein Geschenk sind.

Gemeinsam mit einem möglichst interdisziplinär breit aufgestellten, aber nicht zu großen Team auf eine Aufgabe zu schauen und die Gedanken wie beim Pingpong hin und her zu spielen, ist eine wirksame Methode der Ideenentwicklung. Jeder Gedanke löst beim Gegenüber eine neue Assoziation aus. Selbst Missverständnisse führen manchmal auf gute Spuren, wie wir es in einem früheren Kapitel beschrieben haben. Vertrautheit im Miteinander ist dabei entscheidend. Je länger man sich kennt und gute Erfahrungen gemacht hat, umso leichter geht es. Keiner sollte sich scheuen, vermeintlich verrückte Gedanken auszusprechen. Das Sortieren und Bewerten der Ideen kommen später dran.

Der erste Schritt ist, dass die Aufgabenstellung sehr gründlich besprochen wird, denn oft entstehen in dieser Phase bereits die ersten Lösungsansätze.

Hilfreich kann auch ein Ortswechsel oder eine gemeinsame Wanderung sein, weil in einer anderen Umgebung auch neue Ideen kommen und das Gehen dabei hilft, innerlich frei zu werden.

Eine gute Zeitplanung ist auch bei der Ideenentwicklung entscheidend. Wenn ich tatsächlich bis zum letzten Tag vor der Präsentation warte, wird der Druck übermenschlich. Und Stress mag unser Gehirn gar nicht. Unter Stress versucht sich das Gehirn in Automatismen zu retten, und die sind bekanntlich das Gegenteil von Kreativität.

Also gilt es, rechtzeitig zu starten und die Zeit bis zur Präsentation mit entsprechenden Zwischensteps zu planen. Nach einem ersten kreativen Sammeln braucht es manchmal eine Nacht, um darüber zu schlafen, oder auch eine ganze Woche, um dann mit frischem Blick auf die Aufgabe und die bisherigen Gedanken zu schauen. Man sieht hier und dort etwas, teilt ein Foto davon mit dem Team, bleibt im Austausch und in Gedanken weiter dran.

Um Entscheidungen zu treffen, müssen Termine gesetzt werden, und Termindruck ist, wie wir in einem anderen Kapitel beschreiben, auch stimulierend. Die bei uns typischen Schritte gegen das »Mir fällt nichts ein« sind folgende:

1. Das gründliche Durchdringen und Verstehen der Aufgabe (was ist das Ziel, für wen ist das eigentlich gedacht, welche Mittel stehen überhaupt zur Verfügung ...).

2. Das jeweils geeignete Setting muss gut gewählt werden (wer soll Teil des Teams sein, Wahl eines inspirierenden Ortes ...).

3. Das Auswerten und Bewerten der Ideen im Blick auf ihre Verwendbarkeit. Evtl. müssen die Schritte 2 und 3 mehrmals wiederholt werden.

4. Es braucht die Entscheidung für eine Lösung, evtl. auch für verschiedene Szenarien, die dann weiterverfolgt werden.

5. Beim Ausarbeiten der Ideen gilt es immer wieder zu überprüfen, ob das Ergebnis zur Aufgabe passt und auch zum Ziel führt. Falls nicht, wiederholen sich Schritte 2, 3 und 4.

6. Testen der Ergebnisse mit nicht beteiligten Personen. Wie reagieren sie darauf? Je nach Feedback sollte gegebenenfalls nachjustiert oder die Schritte 2–6 wiederholt werden.

Was ist nun zu tun, wenn einem trotz allem wirklich nichts einfällt?

Experten raten dann zu weniger Verbissenheit und zu bewusster Ablenkung. Um ein Problem zu lösen, hilft es wenig, stundenlang daraufzustarren. Besser ist es, innerlich loszulassen, gelassen zu bleiben. Oft kommt dann die entscheidende Idee ganz plötzlich, wenn beispielsweise jemand den Raum verlassen hat und zurückkommt. Und auch die Geschichte, dass unter der Dusche Ideen fließen, ist nicht zu unterschätzen …

»Ich bin ein Neandertaler«

Wolfram Heidenreich // Das Bild, das in den Köpfen der Menschen entsteht, denen ich erzähle, dass ich ein geborener Neandertaler bin, kann ich an ihren Augen ablesen. Der »Neandertaler« steht archetypisch für einen der vielen Vorfahren der Menschheit und ist eine weltbekannte Marke.

Tatsächlich stand mein Elternhaus direkt oberhalb der Fundstelle der fossilen Knochenreste, einer Höhle in einer Klamm, die die Düssel auf dem Weg in den Rhein in den Kalkfelsen geschnitten hatte – ganz in der Nähe wurde später ein Dorf nach diesem Fluss benannt.

Gerne nutze ich diese kleine Geschichte, um zu beschreiben, um was es bei der Positionierung von Marken und Menschen eigentlich geht.

In unseren Köpfen sind viele Bilder abgespeichert. Unendlich viele solcher Bilder und der jeweils dazu passenden Informationen sammeln wir im Laufe unseres Lebens in dem Datenspeicher, den wir Gehirn nennen. Das ist äußerst praktisch. Auch die Erinnerung an menschliche Gesichter sind in der Regel leicht abrufbar. Denken Sie einfach mal an Martin Luther King. Sofort haben Sie das Bild von ihm und die ganze Geschichte im Kopf – seine berühmte Rede vor mehr als 250 000 Menschen am Lincoln Memorial in Washington, D. C., mit der Botschaft, die Amerika verändert hat: »Ich habe einen Traum«, seine Vision, dass sich die Nachfahren der Sklavenhalter und der Sklaven brüderlich die Hände reichen mögen, dass Kinder aller Rassen und Religionen gleichberechtigt und friedlich miteinander aufwachsen sollten.

Zurück zum Neandertaler. Ganz leicht lässt sich dieses Bild auch neu mit Inhalten füllen – also mit einer neuen Assoziation in unserem Kopf verankern.

Kaum jemand weiß, dass das Tal Mitte des 19. Jahrhunderts in Erinnerung an den Liederdichter Joachim Neander seinen Namen bekam. Der Mann hieß eigentlich mit Nachnamen Neumann, aber in seiner Zeit war es Mode, Namen zu latinisieren.

Joachim Neander wurde 1674 Rektor der Lateinschule der reformierten Gemeinde in Düsseldorf. Vor den Toren von Düsseldorf feierte er Gottesdienste in der Natur. Offensichtlich sind seine Kirchenlieder-Hits in der einzigartigen Naturlandschaft mit Höhlen, Echo-Orten, Wasserfällen und der Düsselklamm entstanden. Das bekannteste Lied ist der Choral »Lobe den Herren, den mächtigen König der Ehren« – bis heute weltweit in Kirchengesangbüchern zu finden.

Mit etwa 30 Jahren ist Joachim Neander als Folge der Pest leider sehr früh gestorben. Sein Name lebt in der weltbekannten Marke und damit in unseren Köpfen weiter.

Vermutlich werden Sie zukünftig, wenn Sie »Neandertal« lesen oder hören, auch an den vom Pietismus geprägten Liedermacher Joachim Neander denken und vielleicht sogar die Melodie des von ihm komponierten Liedes im Ohr haben.

Wolfram Heidenreich // Es gibt großartige Teamleistungen, z. B. im Sport. Auch wenn manchmal ein Einzelner die Goldmedaille gewinnt, steht dahinter immer ein Experten-Team, Trainer*innen, Physiotherapeuten, Ärztinnen u. v. m. Eine Bob-Mannschaft gewinnt auch, weil ein Technik-Team den Schlitten so schnell gemacht hat. Legendär ist die Geschichte der Endurance-Expedition. Einige Männer unter Führung von Ernest Shackleton brachen Anfang des 20sten Jahrhunderts auf, um als Erste die Antarktis zu durchqueren. Gleich zu Beginn ging nahezu alles schief. Nachdem ihr Schiff im Eis stecken geblieben und zerstört worden war, musste die Mannschaft von Bord gehen. Einige wichtige Ausrüstungsgegenstände konnten sie retten, als sie sich auf das Eis flüchteten. Monate vergingen, und als das Packeis, auf dem sie sich eingerichtet hatten, schmolz, blieb ihnen nur eine Wahl, um zu überleben: Sie mussten aufbrechen. Ganz auf sich allein gestellt, gelang Shackleton und seinem Führungsteam nach zwei Jahren Irrfahrt mit einem Rettungsboot das Unmögliche – alle wurden gerettet. Shakelton hatte ein Ziel vor Augen: alle Männer in Sicherheit zu bringen. Es gelang, weil sie zusammenhielten. Ein Musterbeispiel für eine Teamleistung.

Damals wie heute entstehen großartige Dinge nicht nur aus individueller Leistung. Meistens stecken Teamleistungen hinter einem Erfolg, obwohl wir oft nur die Namen der Anführerinnen und Anführer kennen.
In dem Buch »Finde dein Warum« von Simon Sinek steht ein Satz, der für mich am besten beschreibt, was das Wesentliche in einem Team ausmacht: *»Ein Team ist NICHT eine Gruppe von Menschen, die zusammenar-*

beiten. Ein Team ist eine Gruppe von Menschen, die einander vertrauen.«

Vertrauen lässt sich nicht einfach so schaffen oder erzwingen. Vertrauen braucht Rahmenbedingungen, die man schaffen kann.

Als Michael und ich unser gemeinsames Büro gegründet haben, haben wir ein Zitat aus dem biblischen Buch Kohelet (4, 9–12; Übersetzung aus der Basisbibel) auf die Einladung geschrieben.

Zwei sind besser dran als einer allein! *Denn zu zweit geht die Arbeit leichter von der Hand. Und wenn einer von beiden hinfällt, hilft ihm der andere wieder auf die Beine. Wenn aber einer allein ist und hinfällt, ist kein anderer da, der ihm hilft. Wenn zwei dicht beieinanderliegen, wird ihnen warm. Wenn aber einer allein ist, wie kann dem warm werden? Einer allein kann überwältigt werden. Zwei miteinander können dem Angriff standhalten, und die dreifache Schnur reißt nicht so schnell!*

Dieser Text hat auch lange eine wichtige Rolle bei unseren Präsentationen gespielt, weil er nicht nur die Stärke der Teamzusammenarbeit beschrieb, sondern gleichzeitig ausdrückte, wie wir unsere Kundenbeziehungen verstehen.

Teams sind eine Ur-Erfahrung der Menschheit, und wir kennen großartige Beispiele von Zusammenarbeit auch in der Tierwelt. Die Bienen- und Ameisen-Völker sind beispielsweise hochkomplexe und effiziente Teamsysteme. Team heißt eben nicht »Toll, ein anderer macht's«, wie es manchmal scherzhaft heißt, sondern jede und jeder spielt eine wichtige Rolle bei der gemeinsamen Bewältigung der anstehenden Aufgaben.

Vertrauensvolle Teamzusammenarbeit beginnt mit der gegenseitigen Wahrnehmung und Wertschätzung. Es liegt auf der Hand, nicht jeder kann alles und alles gleich gut. Wir haben unterschiedliche Begabungen, Fähigkeiten und Erfahrungen, die für das Team wertvoll, bedeutsam und wichtig sind. Jeder muss in seiner Begabung und Qualität gesehen und geachtet werden. Wenn Teammitglieder den Eindruck haben, ich strenge mich an, aber keiner sieht es, werden sie sich zurückziehen. Wenn sie Anerkennung und Wertschätzung erfahren, werden sie sich für die gemeinsame Sache einsetzen. Wichtig ist dabei auch, dass alle, besonders die Teamleitung, aufeinander achtgeben. Wo entsteht Überlastung, wo braucht jemand Unterstützung und wo muss es Freiraum geben, damit Einzelne sich entfalten und so bestmögliche Leistungen bringen können?

Die Regeln, Verantwortlichkeiten und Strukturen müssen transparent und geklärt sein. Wer ist für das Ganze, für eine bestimmte Entscheidung, einen Prozess verantwortlich? Wird das Team konsequent und auf eine Art und Weise geführt, die den Teammitgliedern die Sicherheit gibt, die sie brauchen? Welches gemeinsam vereinbarte Ziel wird verfolgt, und wer hat den Hut für welchen Bereich auf? Haben wir alle ein gemeinsames Bild der Zukunft vor Augen und auch, bis wann und wie wir es erreichen wollen?

Es beginnt bei den kleinen Dingen. In unserer Büroküche hat mal jemand einen Spruch an die Wand geklebt: »Diese Küche ist selbstreinigend. Das heißt: jeder reinigt sie selbst, wenn er sie schmutzig gemacht hat.« Damit wurde die Verantwortlichkeit eindeutig geklärt. Die Situation wurde dadurch wirklich besser.

Unsere Arbeit wäre ohne Teamwork und die Erlebnisse einer gemeinsamen positiven Zusammenarbeit nicht denkbar. Die Welt und die darin ablaufenden Prozesse sind viel zu komplex, um alleine gelöst zu werden. Dieses Buch ist ein gutes Beispiel dafür. Insgesamt waren am Ende sicherlich mehrere Dutzend Menschen daran beteiligt, dass dieses Buch nun von Ihnen gelesen werden kann: Wir als Autoren, der Lektor, die Gestalter*innen, Drucker*innen, Buchbinder*innen, Logistiker*innen, Händler*innen, Käufer*innen ...

Ein Hoch auf das Teamwork!

Ein Team ist eine Gruppe von Menschen, die einander vertraut.

Begegnungsräume für Ideenaustausch

Wolfram Heidenreich // An einem Montagabend gegen 19 Uhr füllt sich der große Raum unseres Büros in der Kölner Innenstadt inklusive der auf die Galerie führenden Freitreppe mit mehr als hundert Menschen. Überall stehen dicht gedrängt kleine Grüppchen im Gespräch und nehmen schließlich Platz in den Stuhlreihen, auf der Treppe und bis hinein in den hinteren Teil der Büros.

Wir haben zu *Echt! Jetzt!* eingeladen. Gast und Impulsredner ist der Bestsellerautor und »Psychologe der Nation« (so nennt ihn die FAZ) Stephan Grünewald.

Seit ein paar Jahren sind wir mit ihm im Gespräch. Sein Unternehmen, das Rheingold-Institut, befindet sich schräg gegenüber auf der anderen Seite des Kaiser-Wilhelm-Ringes.

Gemeinsam arbeiten wir an einem Modell und an einer anwendbaren Methode, wie das Vertrauen in Unternehmens- und Organisationsteams entwickelt werden kann. Und das messbar, nachvollziehbar und günstig.

An dem Abend spricht Stephan Grünewald über das Thema seines Buches »Wie tickt Deutschland?« und berichtet, dass viele Menschen, mit denen er und seine Mitarbeitenden gesprochen haben, sich in einem aufgewühlten seelischen Zustand befinden. Den meisten geht es zwar einigermaßen gut, aber sie erleben ihr Land auch als eine Art Insel des Wohlstands in einer Welt krisenhafter Umbrüche. Bildhaft stellt er den Gefühlswandel so dar: Nach dem Zweiten Weltkrieg haben die Menschen in Deutschland alles wieder aufgebaut, sind zu Wohlstand gekommen. 70 Jahre Frieden haben bei manchen den Eindruck hinterlassen, dass wir uns in einem Auenland befinden, in dem wir es uns auch weiterhin behaglich einrichten können. Seit einigen Jahren wankt dieses Bild, und wir haben das Gefühl, dass sich unsere vertraute Heimat voller Möglichkeiten in eine Art Grauenland verwandelt. Viele verzweifeln zunehmend an den Herausforderungen und Schrecknissen. Nach den Zukunftsperspektiven befragt, sehen viele die Welt düster. Was hat uns in diese Vertrauenskrise gestürzt und warum haben Sie so große Angst vor der Zukunft? – fragt Stefan Grünewald, der anhand Tausender psychologischer Tiefeninterviews des Rheingold-Instituts ein aufrüttelndes Psychogramm der Nation erstellt hat.

In seinem Vortrag beleuchtet er anschaulich die Quellen des Misstrauens, der Wut, die Ohnmacht und Erschöpfung in einem Alltag, der zunehmend durch Perfektionsansprüche und einen digitalen Machbarkeitswahn geprägt ist. Er machte die unbewussten psychologischen Mechanismen unseres Handelns verständlich und eröffnete neue Perspektiven für eine sinnvolle Gestaltung der Zukunft. Am Ende zeichnet er auch ein Hoffnungsbild – das Trauenland, in das wir aufbrechen, indem wir etwas wagen – und so Zukunft gewinnen.

Es ist wichtig, solchen Bildern Raum zu geben. Und dass wir miteinander ins Gespräch über die großen gesellschaftlichen Themen kommen.

Über die Jahre haben wir deshalb immer wieder solche Begegnungs- und Austauschmöglichkeiten geschaffen. Regelmäßig haben wir zu »Jahrestags-Seminaren« eingeladen. Tiki Küstenmacher referierte vor mehr als 25 Jahren zu dem Thema »Lieber reich als viel Geld«, noch bevor er mit »Simplify your Life« einen Bestsellererfolg landetet. Und der Geigenbauer Martin Schleske sprach über die Kunst, auf das Leben zu hören. Natürlich erklang an diesem Tag auch eine der von ihm gebauten Geigen.

Die Fragen nach der Sinnhaftigkeit unseres Lebens und unseres Handelns ziehen sich als roter Faden durch die vielen Seminare und Begegnungen. Oft war es emotional sehr dicht und berührend. Als der Psychotherapeut und Autor Reinhold Ruthe nach seinem Vortrag »Wenn Erfolg zur Droge wird« aus dem Plenum gefragt wurde, inwieweit ihn das Thema selbst betrifft, liefen Tränen über seine Wangen.

Wir selbst, unser Team und viele Gäste haben jedenfalls unendlich viele wertvolle Impulse bekommen und sind reich beschenkt worden.

Dankbarkeit

Michael Buttgereit // Einer unserer Berater, der uns viele Jahre begleitet hat, ist Paul Donders. Ein angenehmer Mensch, ein kluger Kopf. Wir durften sehr viel von ihm lernen, und er hat wichtige Richtungsentscheidungen in unserem Unternehmen mit vorbereitet. Von ihm haben wir den Satz: »Dankbarkeit ist die intelligenteste Form der Kommunikation.« Lange Zeit konnte ich damit nichts anfangen, der Satz klang für mich berechnend. Denn Dankbarkeit ist ja ein Ausdruck unseres Herzens und die Fähigkeit, die Dinge nicht als selbstverständlich anzusehen. Ein dankbares Leben zu führen ist aber noch mehr – es ist eine kluge Lebensentscheidung, einfach eine gute Idee.

Wer Dankbarkeit über sein Leben empfinden kann und die Dinge und Ereignisse, die ihm widerfahren, nicht als zufällig oder beiläufig gering schätzt, der ist im besten Sinne des Wortes Mensch.

Wir sprechen vom Individuum, von der Einzigartigkeit; und erkennen damit an, dass wir alle wertvolle Originale sind, Beachtung und Schutz verdienen. Dass wir einerseits die Unverfügbarkeit und den Schutz des eigenen Lebenskonzeptes und der individuellen Lebensentscheidungen in den Fokus nehmen, ist ein großes Verdienst des Humanismus. Die Gründerväter und -mütter der Demokratie haben uns diese Menschenrechte und weitere ins Stammbuch geschrieben. Individualität ist in zunehmendem Maße ein gutes Grundrecht geworden.

Der oder die Dankbare sprengt aber unweigerlich die Idee eines Individualismus, der andere Menschen nicht im Blick hat.

Wie oft treffen wir auf Menschen, deren Lebenskonzepte darin bestehen, vor allem auf das eigene Wohlergehen zu achten und dafür niemandem dankbar sein zu müssen.

Wer dankbar lebt, nichts als Selbstverständlichkeit ansieht, wendet sich vom dumpfen Selbstbezug ab. Dieses Freigeben des selbstbezogenen Daseins bringt eine einzigartige Resonanzfähigkeit in unser Leben und macht uns wohl erst zur Person im eigentlichen Wortsinn. Denn der lateinische Begriff *personare* bedeutet »durchklingen«. Dankbarkeit ist also die ursprüngliche Resonanzform unseres Menschseins, die wahrnimmt, dass mir etwas unverdient zuwächst und mich damit als Person mit den Prinzipien des Lebens in Einklang bringt. Wenn wir uns als »Instrumente das Lebens« verstehen, dann klingt mit jedem Ausdruck der Dankbarkeit ein stimmiger Ton in uns an.

Dankbarkeit zu üben ist wesentlich. Uns täglich all das zu vergegenwärtigen, wo es das Leben gut mit uns meint: einen Tag, an dem die Ideen sprudeln, ein gutes Gespräch, eine unerwartete Begegnung. Die Freundlichkeit der älteren Dame hinter mir an der Supermarktkasse, die mir unaufgefordert zwei Euro zusteckt, weil mir genau dieser Betrag beim Bezahlen gerade fehlt. Und der Sonnenstrahl an einem ansonsten grauen Tag.

Gerade dann, wenn dunkle Gedanken unseren Blick für die Schönheit des Tages einseitig einengen wollen und nur noch der Gedanke zurückbleibt: Das Leben sei trostlos, dann ist es wichtig, das Positive dankbar in den Blick zu nehmen. Wir sind dazu befähigt, trotz schlechter Tage oder persönlicher Verstimmung bewusst eine Entscheidung zu treffen: einmal am Tag jemandem für etwas nicht Selbstverständliches Danke zu sagen. So vertreiben wir finstere Gedanken und erkennen neu, dass wir nicht allein sind. Dass andere uns im Blick haben – und wir andere in den Blick nehmen können.

Aber die Dankbarkeit kann noch mehr: Sie richtet unseren Blick stets auf die Fülle und nicht auf den Mangel. Auf geheimnisvolle Weise bewahrt sie uns so vor dem Vergleich mit den vermeintlich besseren Lebensumständen anderer; vor einem Leben, das stets die negative Abweichung vom noch Besseren, Möglichen und Mehr fokussiert. So kehren wir die Vorzeichen des Lebens um: Wir können nämlich nicht aufrichtig dankbar und neidisch zugleich sein. Dankbarkeit ist eine Lebenshaltung, die Beziehung stiftet. Und wir sind als Menschen auf Gemeinschaft angelegt.

Paul Donders hat früh verstanden, dass Dankbarkeit nicht nur ein Ausdruck aufrichtiger Empfindungen ist, sondern dass wir durch ein bewusstes Wahrnehmen und Aussprechen unser Menschsein bewahren und pflegen können.

Zukunft braucht eine Idee

Wolfram Heidenreich // Wie kann man eigentlich Energie für positive Entwicklungen gewinnen? Oft sind wir in den Schwierigkeiten einer aktuellen Situation gefangen und spüren, dass sich etwas ändern müsste. Aber das Wie, das Was und das Wann sind schwer. Wie ein Prozess für eine Veränderung konkret gestaltet werden kann, und zwar so, dass er motivierend ist, Kräfte freisetzt und zielführend ist, wissen wir meistens nicht.

Der bereits an anderer Stelle erwähnte US-amerikanische Bürgerrechtler und Baptistenpastor Martin Luther King Jr. ist mit einem Zitat aus einer Rede im kollektiven Gedächtnis der Menschheit verankert: »I have a dream« – Ich habe einen Traum.

In seiner Ansprache hat er 1963 – vor 60 Jahren (!) – ein Sehnsuchtsbild beschrieben. Alle seine Zuhörer waren damals sehr berührt. Und wir sind es, wenn wir seine Rede heute lesen, auch. Denn er lässt Szenen und Bilder in unseren Köpfen entstehen, die verheißungsvoll sind. Und wir wissen, dass diese Rede zugleich der Anfangspunkt eines gesellschaftlichen Veränderungsprozesses war. Deshalb löst allein dieser eine Satz »I have a dream« gute Gefühle bei uns aus.

Manchmal frage ich mich, wie es wohl wäre, wenn führende Köpfe unseres Landes uns in einem derart lebendigen und konkreten Bild beschreiben würden, wie wir in einigen Jahren miteinander als Gesellschaft und Weltgemeinschaft leben werden, statt uns immer wieder vage Parteiprogramme zu präsentieren.

Ich erinnere mich, dass es solche Bilder in den 60er- und 70er-Jahren tatsächlich öfter gab – und dass sie uns inspiriert haben. Einiges ist Wirklichkeit geworden: freie Grenzen in Europa, eine einheitliche europäische Währung, 70 Jahre Frieden und Freiheit, Wohlstand, Mobilität. Heute stellt sich die Frage, wie unser zukünftiges Zusammenleben konkret aussehen könnte, wenn wir ab sofort weniger Ressourcen verschwenden, näher zusammenrücken, mehr teilen …?

Die meisten Menschen und Organisationen haben die aktuellen Probleme im Kopf und suchen nach Ansätzen, um diese zu lösen. Das ist meist ein eher schmerzhafter, energieraubender Prozess. Wenn wir aber daran denken, welche Zukunft wir uns ersehnen und wünschen, motiviert das und lässt Energie entstehen, die Veränderung ermöglicht. Der Perspektivenwechsel macht den wesentlichen Unterschied.

Heribert Prantl, ehemaliges Mitglied der Chefredaktion der Süddeutschen Zeitung, schreibt in seinem Buch »Die Kraft der Hoffnung«: »Die Zukunft ist nicht geformt, sie wird geformt. Die Frage ist nicht, welche Zukunft man hat oder erduldet, die Frage ist, welche Zukunft man haben will und wie man darauf hinlebt und hinarbeitet.«

Über den Hamburger Berater und Coach Stephan Kowalski haben wir die Zukunftsbild-Methode kennengelernt. Sie basiert auf der Idee des ›Preferred Futuring‹ (man kann dies mit »Gewünschte Zukunft« übersetzen), einer ganzheitlichen Strategie-Methode, die der Amerikaner Dr. Lawrence Lippitt vor über 40 Jahren entwickelt hat. Er ist davon überzeugt, dass wir dadurch, dass wir uns eine Zukunft ausmalen, die wir ersehnen, die Energie freisetzen, die es braucht, um dieses Ziel auch zu erreichen.

Der Schlüssel dabei ist, dass sich mit einem konkret beschriebenen Bild der Zukunft die Perspektive auf alles, was sich ab dem Zeitpunkt der Betrachtung ereignet, verändert. Dies gilt sowohl für Einzelne als auch für Organisationen. Das haben wir mit Blick auf unsere eigene Unternehmung ausprobiert. Sehr konkret haben wir in unserem Zukunftsbild z. B. die Idee eines neuen Kölner Büros beschrieben. Wie es aussehen und wirken soll, die Lage in der Innenstadt, die Funktionalität der Räume, die es braucht, die Mitarbeitenden, die wir für diese Neugründung brauchen u. v. m. Einige Jahre später sind wir genau in dieses Büro eingezogen, und seitdem sind dort genau die Dinge verwirklicht worden, die wir in dem Zukunftsbild einst festgehalten hatten. Bewerber*innen haben uns gesagt, dass dieses Bild sie dazu bewogen hat, sich bei uns vorzustellen, und auch Mitarbeitende sagten, dass sie deshalb bei den Guten Botschaftern geblieben sind.

Unser Zukunftsbild hatte noch einige Facetten mehr: Wir haben bildhaft festgehalten, wie wir miteinander und für unsere Kunden arbeiten möchten: *»Es ist der 1. Dezember 2020. Wir haben gerade unser regelmäßig stattfindendes »Frühstück für Unternehmer*innen« beendet. Dies findet in unserem Café statt, das in unserem Kölner Büro beheimatet ist. Das Café ist Anlaufpunkt für dem Leben aufgeschlossene Menschen, Querdenker und Visionäre. Dies ist einer der Orte, an dem wir den Austausch und die Beziehung mit inspirierenden, kreativen und enthusiastischen Menschen pflegen.*

Unsere Arbeit gründet sich nach wie vor auf der Überzeugung, dass ganzheitlicher Erfolg und Glück auf vertrauensvollen Beziehungen beruhen. Wir wünschen uns, dass Leben gelingen, wachsen und sich entfalten kann, und fühlen uns mit diesem Anliegen gegenüber allen, mit denen wir zu tun haben, verpflichtet. Uns selbst trägt ein tiefes Vertrauen in die Liebe Gottes und einen daraus erwachsenden Glauben an unendliche Fülle und Möglichkeiten.

Die Sonne scheint in helle und freundliche Räume, die den Guten Botschaftern hervorragende Lebens- und Arbeitsgrundlagen bieten. Wir sind beeindruckt von den vielfältigen Kompetenzen in unserem Team. Und wir sind dankbar für den fördernden Geist, der unser Unternehmen inspiriert. Den Wert vertrauensvoller Beziehungen in den Mittelpunkt unseres Handelns zu stellen und darin einen tieferen Sinn zu erkennen, begeistert uns, weil wir darin unsere Berufung erkannt haben.«

Dieser spezielle und optimistische Blick auf die Zukunft hat unser Unternehmen in besonderer Weise geformt und gestaltet. Inzwischen haben die uns nachfolgenden Leiter des Unternehmens auch ihr Bild der Zukunft beschrieben. Wir haben ihnen unser Bild für unseren Ausstieg an einem konkreten Datum und damit den Raum gegeben, der die Energie erzeugt hat, um den Generationswechsel zu gestalten.

Ganz viele unserer Kunden haben wir bei der Entwicklung ihrer Zukunftsbilder begleitet. Sie alle haben erlebt, wie das Bild motivierend in ihre Teams gewirkt hat, wie es Identität und Verbundenheit geschaffen hat, wie es ihnen in Krisenzeiten die Energie zum Durchhalten gegeben hat. In der rückblickenden Betrachtung ist es verblüffend zu sehen, wie konkret die Bilder Wirklichkeit geworden sind und wie sie in fast geheimnisvoller Weise geholfen haben, Wirklichkeit zu schaffen und zu gestalten.

Wenn wir daran denken, welche Zukunft wir uns ersehnen und wünschen, motiviert das und lässt Energie entstehen, die Veränderung ermöglicht.

Eine eigene Idee von Zuversicht

Michael Buttgereit // Es gibt Menschen, die behaupten, es gibt kein schlechtes Wetter, nur falsche Kleidung. Was für Wanderer und Straßenarbeiter vielleicht zutrifft, muss nicht für den Rest der Welt gelten. Zumindest Fotografen haben hier eine begründet andere Sicht.

Wolfram ist ein Foto-Designer. Eines seiner bevorzugten Werkzeuge ist die Kamera. So habe ich ihn kennengelernt. Auf eine bemerkenswert stille Art ist er mit seiner Kamera in der Natur, in Städten oder auf Veranstaltungen unterwegs. Beinahe unbemerkt findet er schöne Perspektiven und kleine Geschichten, die er mit der Kamera erzählt. Ich bin immer wieder erstaunt, was er mit seiner Kamera aus bestimmten Situationen alles herausholt und ins Bild setzt.

Wieder einmal hatte uns unser Weg nach Amsterdam geführt. Die imposanten Grachtenhäuser aus dem 17. Jahrhundert laden nicht nur zum Fotografieren, sondern auch zum Verweilen ein. Aber wir haben auch einen Auftrag. Es sollen neue Außenaufnahmen eines Hotels, für das wir arbeiten, entstehen. Es ist Mai, die Bäume in den Grachten vor dem Hotelkomplex stehen zu dieser Zeit in vollem Grün, und wir planen einen Fototermin für einen Montagmorgen, denn die klare Luft ist ideal, um alles in fein konturierten Farbkontrasten abzulichten.

Es hat das gesamte Wochenende durchgeregnet und mehr noch – für Montag hat sich ein weiteres Sturmtief aus West angekündigt, das ganz Mitteleuropa in den Griff nehmen soll.

Ich stelle mich also darauf ein, dass wir diese zweitägige Fotoreise absagen müssen. Doch Wolfram ist am Sonntagnachmittag, als wir telefonieren, immer noch optimistisch, dass sich das Wetter entgegen der Vorhersage ändern kann.

Man kann mir eigentlich nicht vorwerfen, kleingläubig zu sein, aber dieses Wetter vor meinem Fenster und die Aussicht von namhaften Meteorologen, denen ich Abend für Abend nach den Nachrichten mein begründetes Vertrauen schenke, lassen Wolframs Worte weltfremd erscheinen.

Am Montag sind wir früh am Büro verabredet. Allein die fünf Meter vom Parkplatz bis zur Eingangstür sorgen dafür, dass ich die Nässe durch die Kleidung auf dem Körper spüre. Ein Wetter, bei dem man keinen Hund vor die Tür jagt, wie man bei uns so schön sagt. Wir sollten meiner Meinung nach die Fotoreise nun endgültig absagen!

Weit gefehlt: Wolfram packt seelenruhig das Equipment zusammen und erklärt mir, dass man beim Wetter ja nie genau weiß, was passieren wird. Ich bin erstaunt und gespannt, wie viele Kilometer auf der Autobahn es benötigt, bis Wolfram der Mut verlässt. Da will ich nun unbedingt dabei sein.

Nach etwa 50 Kilometern Fahrt in Richtung Westen reicht die Intervallschaltung der Scheibenwischanlage nicht mehr aus, um das Wasser so abzuleiten, dass ein sicheres Fahren möglich ist. »Na, Wolfram. Jetzt wirst du doch wohl aufgeben«, denke ich. Doch Wolfram bleibt gelassen. Auf holländischen Autobahnen darf man eh nicht schneller als 120 fahren. Also alles im Plan, wie Wolfram mir zu verstehen gibt.

Ich male mir bereits aus, wie er die teure Fotoausrüstung im strömenden Regen ruiniert. Bei der Wassermenge, die vom Himmel kommt, kann er die Geräte auch gleich in die Gracht werfen, denke ich.

Wir erreichen Amsterdam und fahren nicht wie sonst üblich zu dem der Altstadt vorgelagerten Parkhaus, sondern schlängeln uns mit dem Auto durch die engen, verregneten Gassen und über pittoreske Brücken bis vor den Eingang des Hotels. Dort laden wir alles so schnell wie möglich aus, um Schäden an der Ausrüstung zu verhindern. Nachdem alles auf dem Zimmer untergebracht ist, hocken wir in der schönen Lobby des Hotels, bestellen Tee und Coffee und ich rechne fest damit, dass es ein langweiliger Tag des Abwartens wird. Wiederum weit gefehlt: Noch bevor ich die Tasse an den Mund führen kann, erhellt ein natürlicher Sonnenstrahl die gegenüberliegende Wand. Erst ist das Licht ganz zart, bis plötzlich der Himmel aufreißt und schönster Sonnenschein durch den schwer verhangenen Himmel bricht. Es ist nasskalt, und draußen tropft es schwer aus den durchnässten Bäumen auf das sich spiegelnde Kopfsteinpflaster. Bereits eine halbe Stunde später ist die Sonne so stark, dass die Dächer und Straßen zu trocknen beginnen. Wir machen einen ersten Testspaziergang um den Block, um die Lage zu peilen. Eine weitere halbe Stunde, und uns präsentiert sich Amsterdam in seinen schönsten Farben und wunderbaren, immer luftiger werdende Wolken im satten Blau.

»Na also«, sagt Wolfram mit einer inneren Sicherheit, als hätte er ein Taxi bestellt, das erwartungsgemäß gerade eintrifft. Er hängt mir die Fototasche mit den Objektiven um den Hals, und ich fühle mich beschämt ob meiner ungläubigen Haltung. Wir erledigen den Job wie vor Wochen geplant. Wunderbare Hausansichten, als gäbe es in Amsterdam nie Regen.

Diese Geschichte wäre bloß eine einzelne, ein wenig unterhaltsame Episode unserer Zusammenarbeit, wenn sich diese Wetterwandelsituationen nicht wieder und wieder ereignen würden. Ich weihe Sie damit in ein mir bis dahin noch nicht erschlossenes Phänomen ein, das mir in der Zusammenarbeit mit Wolfram immer wieder begegnet ist: Wolfram zieht Sonnenwetter an. Vielleicht liegt es an seinem unbändigen Vertrauen, dass ihm geschieht, wie er glaubt. Oder er hat einfach Glück, so viel, dass ich dahinter ein Prinzip vermute, das ich mir nicht erklären kann.

Es bleibt die Erkenntnis: Gehe mutig vorwärts, auch wenn die Umstände nicht danach aussehen, denn das Ganze muss sich nicht so verhalten, wie du es jetzt vermutest. Die Dinge können sich unerwartet zum Guten wenden. Was wissen wir schon und was haben wir in der Hand? Eines steht fest: Haltet euch in der Nähe von Wolfram auf, und das Wetter wird sich anders verhalten, als die Zunft aller Meteorologen verlauten lässt.

Skelett statt Korsett

Michael Buttgereit // Manchmal sind es die auf den ersten Blick unbedeutend erscheinenden Tage, die besondere Erkenntnisse oder Ereignisse hervorbringen. Wie oft ist es mir so ergangen, dass ich mir von einem Tag im Vorfeld mehr erwartet hatte – und umgekehrt. Also lohnt es sich wohl, in fröhlicher Erwartung und ganz unvoreingenommen jedem Tag so zu begegnen, dass alles möglich ist. Denn niemand weiß im Voraus, was sich ereignen wird.

So denke ich an einen Tag zurück, an dem wir an der Entwicklung eines größeren Corporate-Design-Konzeptes für einen Kunden arbeiteten. Es soll dem Unternehmen helfen, seine Identität zu zeigen, Profil zu gewinnen und Ordnung zu schaffen.

Diese Aufgaben fordern uns in besonderer Weise heraus, es braucht einen differenzierten Lösungsansatz, der allen offenen Punkten und jeder Unternehmenseinheit gerecht wird, ohne dass daraus zum Schluss eine unüberschaubare Menge von Sonderlösungen wird. Und je mehr Varianten und Anwendungsfälle wir betrachten, desto mehr tun sich neue Formen auf, die es zu berücksichtigen und zu kategorisieren gilt. Es braucht einen guten Überblick, um sich nicht allzu schnell in Details zu verrennen.

Mit einem Corporate Design will ein Unternehmen nicht nur auf eine angemessene Art visuell auftreten und in der Öffentlichkeit wahrgenommen werden, sondern auch Haltung zeigen. Gleichzeitig muss das Konzept auch genügend Raum für Entwicklungsmöglichkeiten, zukünftige Anforderungen und Erweiterungen der Unternehmensgruppe lassen. Und die Mitarbeitenden des Unternehmens sollen durch eine größtmögliche Einfachheit und Offenheit dazu motiviert werden, mit dem Konzept auf eine gute Weise umzugehen. Welches Bild könnte am besten vermitteln, dass unser Ansatz einen echten Vorteil bietet?

Wir denken an innere Stabilität und Halt und machen dies am Beispiel des menschlichen Körpers fest. Unser Skelett ist so aufgebaut, dass es den Körper sicher tragen kann, ohne die Entwicklung und das Wachstum der Organe und Gliedmaßen zu behindern.

Die Haltung des Menschen und seine äußeren Ausdrucksformen hängen von einem grundsätzlichen Selbstverständnis, aber auch von der Tagesform ab. Je mehr wir die innere Haltung stärken, desto überzeugender wird jemand auftreten, sich bewegen, Leistung bringen. Wenn die innere Haltung stimmig ist, kann dem Einzelnen eine größtmögliche Freiheit für die Umsetzung einer bestimmten Aufgabe zugesprochen werden.

Uns gelingt in diesem Fall zunächst eine plausible Beschreibung der Haltung, die das Unternehmen verkörpern will – und damit auch ein gutes Design-Konzept. Wir nennen es »Skelett statt Korsett«, denn es geht wirklich vor allem anderen um ein tragfähiges Fundament und Haltungsfragen – und nicht darum, etwas festzuzurren und an grafischen Elementen zu verankern. Wir spüren, wie dieser ganz grundsätzliche, positive Ansatz unseren Auftraggeber und die Mitarbeitenden entlastet und überzeugt.

Es verbietet sich jede Form von dekorativer Gestaltung und es geht nicht um Geschmack. Haltung braucht eine maximale Konsistenz, die auf den ersten Blick überzeugt. So wie es keine zweite Chance für einen ersten (schlechten) Eindruck gibt.

Ideen brauchen Feedback

Michael Buttgereit // In vielen Köpfen gibt es das Bild, dass die besten Lösungen entstehen, wenn sich viele Menschen in Gruppen zusammenfinden, um gemeinsam Ideen zu entwickeln. Ich persönlich glaube nicht an die Vorteile von Teamwork, wenn es um kreative Prozesse geht. Das mögen andere ganz anders sehen, aber zumindest für mich ist es eine vergeudete Zeit, mit mehreren Personen an einem Tisch zu sitzen, um die Gedanken fliegen zu lassen. Es dauert mir zu lange, bis die beteiligten Personen in einen produktiven, einander wertschätzenden, kreativen Flow kommen, sodass ein Zustand gemeinsamer Inspiration entsteht. Kreative Prozesse in der Gruppe benötigen Disziplin, und die ist zumeist nicht vorhanden. Erste Ideenbeiträge werden zu schnell bewertet und zerredet und haben kaum die Chance, weiter erörtert zu werden. Dafür fliegen unendlich viele Gedankenfetzen wie Tontauben durch den Raum, die schnell abgeschossen werden, im besten Fall werden sie danach noch aufgelesen, sprich aufgeschrieben. Oftmals schreibt der anwesende Protokollant aber nur die Ideen mit, in denen er selbst eine Chance sieht. Erste zarte Gedanken werden in einer Gruppe selten auf Händen getragen, sondern durch einen Parcours aus Verständnislosigkeit, kontextloser Bewertung und zu frühem Eigensinn getrieben. So reiben sich Ideen schneller auf, als dem Beitragenden lieb sein kann. Außerdem habe ich über die Jahre die Erfahrung gemacht, dass oft nur vergleichsweise wenige Menschen wirklich in einen aktiven Gestaltungsprozess einsteigen. Manche haben Angst, für ihre Beiträge »angeschossen« zu werden, was Ideen gar nicht erst zum Fliegen bringt.

Erste Gedanken sind wie zarte Pflanzen, sie sollten noch nicht zu schnell der rauen Wirklichkeit ausgesetzt werden, damit sie gut gedeihen und später einmal Früchte tragen. Ich bevorzuge deshalb eine gemeinsame Beschäftigung mit einer Aufgabe, um zunächst zu klären, welche Fragen denn überhaupt zu lösen sind. Es braucht ein gemeinsames Verständnis für besondere Herausforderungen. Und es ist dann aus meiner Sicht viel produktiver, jeden für sich arbeiten zu lassen und später die Ergebnisse gemeinsam zu betrachten. Denn die eigenen Gedanken lassen sich, wenn sie bei näherer Betrachtung nicht zielführend sind, viel zärtlicher zurechtweisen. So entstehen erste gute Stränge aus Worten, Bildern, Metaphern und Allegorien, das kleine und das große Format oder ungewöhnliche Sichtweisen auf das Thema. Und wenn sich nach einer Zeit des Alleine-Arbeitens die Gruppe wieder zusammenfindet, um die Ergebnisse zu zeigen, dann kann jeder etwas Substanzielles beitragen. Es lässt sich auch leichter würdigen als die vielen flüchtigen Gedanken während eines gemeinsamen Brainstormings. Wichtig ist, dass jede und jeder in Ruhe gehört wird.

Ideen brauchen Feedback. Eine oder mehrere Personen, die mir mit fachlicher Kompetenz und Wertschätzung für meine Person und meine Arbeit begegnen. Dabei gilt: Halte dich fern von den Neidern und Besserwissern, von den Oberflächlichen und Ängstlichen. Deine Arbeit wird nur besser, wenn jemand mit dir um Exzellenz ringt.

Als Wolfram früher sein Büro noch in Mainz hatte und ich in Haltern lebte, schickte ich ihm einen Entwurf für ein grafisches Erscheinungsbild, das mir »rund erschien«, mit der Frage: »Was meinst Du dazu?«

Seine Antwort: »Das kannst Du noch besser!« Wie kommt Wolfram darauf? Tatsächlich erkenne ich nach einem ersten Moment der Ernüchterung einige Schwächen in meinem Entwurf, die ich vorher nicht gesehen habe. Und es gelingt mir am Ende tatsächlich eine deutlich bessere Form. Alleine hätte ich das nicht geschafft.

Eine Idee zieht Kreise

Michael Buttgereit // Für eine Kampagne von *Brot für die Welt* haben wir einen prägnanten Text geschrieben: ›Es gibt so viel Not in der Welt wie Hände, sie zu beseitigen. Zwei davon gehören Ihnen!‹ Ja, es stimmt, jede und jeder, auch Sie haben eine Bedeutung und können dazu beitragen, die Welt zum Guten zu wenden. Und es ist zum Staunen, was alles möglich wird, wenn viele anpacken und gemeinsam einen Beitrag leisten.

Mit unserem Team möchten wir das ganz praktisch ausprobieren. Was wird geschehen, wenn wir an einem Tag unsere 50 Hände nicht für die übliche Agenturarbeit einsetzen, sondern einfache unentgeltliche Dienstleistungen für Menschen erbringen, die Hilfsbereitschaft gerade nötig haben?

Die Idee ist leicht formuliert, aber wie bringt man so einen Gedanken in die Welt – und mehr noch: Wie bringt man möglichst viele PS auf die Straße? Die Welt hat schließlich nicht darauf gewartet, dass wir zu allem bereit waren.

Die Halterner Zeitung holen wir bildlich gesprochen mit ins Boot. Sie berichtet über die Idee und fordert die Leserinnen und Leser auf, sich zu melden, wenn Hilfe gebraucht wird. Im Laufe von zwei Wochen kommen viele interessante Anfragen zusammen, denen wir uns dann einen ganzen Tag lang widmen: Ein Team entfernt das Herbstlaub im nahe gelegenen Kindergarten, ein anderes sorgt dafür, dass einige Senioren einen unvergesslichen Ausflug im Rollstuhl um den See machen können. Einige helfen älteren Gartenbesitzern, die Früchte von den Bäumen zu pflücken oder Keller aufzuräumen. Wir haben von früh bis spät alle Hände voll zu tun.

Unsere „Hilfsbereitschaft" machte gleichermaßen den Helfern wie auch den Menschen, den geholfen wurde, Spaß.

Alle, die aus unserem Team mitarbeiten, tragen ein rotes Shirt mit dem Aufdruck »Hilfsbereitschaft«. Man kennt die Bereitschaftspolizei, die Feuerwehr-Bereitschaft; und ja, das sind natürlich auch »Hilfsbereitschaften« auf ihre Art.

Besonders bewegt hat mich ein Einsatz der Hilfsbereitschaft, an dem ich mit beteiligt war. Eine alleinstehende ältere Dame empfing uns an ihrer Wohnungstür gleichsam skeptisch wie hoffnungsfroh. Denn der Tag schien gekommen, an dem wir ein für sie scheinbar »unüberwindbares« Problem lösen sollten. Im Wohnzimmer hatte der raumfüllende Perserteppich über die Jahre eine Welle geschlagen, die zu einer echten Stolperfalle für sie geworden war. Ihr einziger Sohn lebte in Süddeutschland und hatte wohl wenig Kontakt zu ihr. So war das Wohnzimmer über die Zeit zu einer Bedrohung statt zu einem sicheren Ort der Geborgenheit geworden. Gemeinsam mit zwei Mitarbeitenden räumten wir den schweren Eichentisch zur Seite, hoben das Sofa kurz an, und mit einem kurzen Ruck lag der Teppich wieder glatt und an der richtigen Stelle. Diese Aktion dauerte genau zwei Minuten.

Tränen der Freude überwältigten die ältere Dame, die uns noch Geld anbot, weil sie nicht in unserer Schuld stehen wollte. Wir haben sie ermuntert, den Betrag lieber jemandem zu geben, der das Geld wirklich braucht. So kann das Gute Kreise ziehen und weiter fließen.

Am Abend unseres ersten Tages der Hilfsbereitschaft kam unser Team zu einem gemeinsamen Abendessen zusammen. Eigentlich sollten nach getaner Arbeit alle recht erschöpft sein, dachten wir vorher. Doch die meisten waren aufgeladen von ihren positiven und zum Teil erheiternden Erfahrungen. Die erlebten Geschichten wurden geteilt, und schnell wurde klar, dass wir so etwas in einem Jahr wiederholen wollen – und dabei unsere Kunden mit einbeziehen möchten. Und so zog die Idee weiter Kreise.

Was können wir untereinander für wertvolle, lebensfördernde und ermutigende Dinge tun, ohne dass uns das viel kostet? Überlegen Sie einen Moment, wo Ihre helfende Hand gerade gebraucht wird.

Wahrgenommen werden

Michael Buttgereit // Mit der richtigen Wahrnehmung ist das so eine Sache. Oftmals fehlen die richtigen Botschaften, um einem ersten Moment der Aufmerksamkeit Bedeutsamkeit zu verleihen. Es braucht gute Beispiele, um aus dem Eindruck der Bedeutsamkeit mehr zu machen oder einer Botschaft die nötige Glaubwürdigkeit zu geben. Eindeutigkeit in Bezug auf den Nutzen. Zum Schluss geht es darum, dass aus Begeisterung ein vertrauensvolles Miteinander wird und eine Beziehung entsteht – von Menschen und Interessen, die zueinanderpassen.

Immer geht es darum, Klarheit zu gewinnen, sich zu fokussieren. Denn man kann schon längst nicht mehr durch Lautstärke wettmachen, was einem an profilierten Botschaften fehlt. Überzeugungskraft gewinnt man auch nicht durch eine lustige Kommunikationsidee, sondern durch die Fähigkeit, tiefer zu schauen. Die Sehnsucht hinter dem ausgesprochenen Wunsch zu entdecken. Denn manchmal wissen wir selbst nicht so genau, was wir vermissen, wenn wir versuchen, den gefühlten Mangel zu befriedigen. Der Kauf eines Sportwagens kann beispielsweise durch echtes Interesse an hochwertiger Technik begründet sein, aus Freude am Autofahren. Andere entscheiden sich aus Imagegründen oder wegen Minderwertigkeitsgefühlen. Der Wunsch hinter dem Wunsch beim Kauf einer Edelkarosse kann vielfältig sein. Und wir müssen uns immer wieder, wenn eine Entscheidung ansteht, fragen, was will ich wirklich damit erreichen, gewinnen, lösen?

Erst wenn Klarheit entstanden ist, macht es Sinn, loszugehen. In der Werbe- und Marketingbranche stellt sich dann die Frage nach den wesentlichen Botschaften und den richtigen Kanälen für eine optimale Kommunikation. Mit kontinuierlich verbreiteten, immer gleichen Werbebotschaften wird in unserem Gehirn quasi eine neue Straße gebaut. Und zwar der kürzeste Weg zwischen Bekanntheit, Begeisterung und Begehrlichkeit. Wir hören eine Botschaft, wir erkennen sie wieder; die stete Wiederholung erzeugt ein Muster in unserem Gehirn, das sich über Synapsen immer tiefer in unser Unterbewusstsein eingräbt.

Sätze bleiben hängen, schleifen sich ein. Können Sie diese Sätze ergänzen?

»Haribo macht Kinder froh, und ...«, »Guten Freunden gibt man ein...«, »Der schmeckt zwar ganz schön bitter, doch dafür ...« Spätestens im Supermarkt wird durch die Wiedererkennung des Produktes im Regal oder Slogans auf einem Aufsteller eine Erregung mit dem Gefühl der Kaufsicherheit geschaffen, denn was so tief und positiv im Bewusstsein ist, muss eine gute Wahl sein.

»Du kannst mir vertrauen, denn du hast schon so oft von mir gehört«, resoniert es aus dem Unterbewusstsein. Und so greifen wir ohne weiteres Nachdenken zu dem Bekannten und treffen so unsere Wahl.

Die digitale Vermessung von Botschaften und Werbung hilft Entscheider*innen in den Marketingabteilungen von Unternehmen heute, gezielter als früher bei der Wahl der richtigen Kommunikationskanäle und Mittel vorzugehen. Es finden sich aufgrund von Algorithmen und gezieltem digitalen Marketing leichter die Personen mit einem spezifischen Anliegen oder

Wunsch, denen ein für sie passgenaues Angebot gemacht werden kann.

Diese gesteuerte Wahrnehmung ist das vorletzte Versprechen einer Technologie, die uns glauben machen will, das Beste für uns zu wollen. Manchmal könnte man glauben, dass die Algorithmen uns und unsere Bedürfnisse besser kennen als wir uns selbst. Dass wir nicht mehr unseren inneren, flatterhaften Bedürfnissen folgen, sondern den Empfehlungen, die uns auf den digitalen Kanälen erreichen, mehr Glauben schenken. Wir haben zuweilen den Eindruck, das Netz weiß mehr über uns, als wir je selbst über uns in Erfahrung bringen könnten. Alles, was wir über die Jahre an digitalen Spuren hinterlassen, alle Informationen, die wir irgendwo eingegeben haben, werden festgehalten. So erhalten wir Produktempfehlungen, die ein Algorithmus aus den vielfältigen Präferenzen errechnet. Alles andere, das Vielfältige, Überraschende, neu zu Entdeckende und zu Erobernde fällt dabei durchs Raster.

Nachdem ich das erste Mal Schuhe einer bestimmten Marke im Netz bestellt habe, besetzt diese auf jedem erdenklichen Account, den ich ansteuere, die Werbeplätze. Es ist beinahe so, als wenn ich durch eine Einkaufszone gehe und überall dort, wo ich in ein Geschäft gehe, wie von Geisterhand ein bestimmter Schuhladen seine Pforten öffnet. Da bleibt kein Raum für das Unbekannte, die Selbstentdeckung gefühlter Präferenzen und Bedürfnisse. Aber die Technik steckt teilweise noch in den Kinderschuhen, um im Bild zu bleiben. Im Moment ähnelt das Ganze oft mehr einem Hase-und-Igel-Spiel, das mich weniger begeistert als vielmehr langweilt und nur allzu durchschaubar wirkt.

Wir sind nicht auf Algorithmen angewiesen und bleiben freiheitsliebende, kreative Wesen, die sich vielem entziehen, was sich zu stark aufdrängt. Das scheinbare Paradies des Konsums fällt spätestens dann in sich zusammen, sobald irgendjemand den Stecker zieht. Wir sind auf lebendige Beziehungen hin geschaffen, entdecken uns und andere in Sphären dieser Welt, die für die Großrechner unzugänglich und unverstehbar sind. Das Geheimnis des Lebens kann nicht bis ins Letzte entschlüsselt und programmiert werden. So geht jeder Algorithmus fehl, wenn überhaupt seine Absicht sein sollte, uns mit seinen Empfehlungen einem erfüllten Leben näher zu bringen. Leben bleibt ein Geheimnis, und all die Rechner, die mit Fakten gefüttert werden, unterschlagen diesen Parameter in ihren Codes.

Hier kommen wir in eine ganz neue Kategorie des Wahrnehmungs- und Aufmerksamkeitsbereiches, der sich der Klugheit und Raffinesse technischer Dienste entzieht: Wir sind lebendige Wesen und wir tun gut daran, diesen Sachverhalt nicht zu unterschätzen. Und wir sind mehr als unsere Bedürfnisse, auf die uns die Algorithmen zu reduzieren wünschen.

Wir müssen bei all dem, was wir tun, darauf achten, dass wir die Aufmerksamkeit für uns selbst behalten oder zurückgewinnen. Wir können uns nicht auf all die Aufmerksamkeitsstifter verlassen, die vor allem ihren eigenen Vorteil im Blick haben, auch wenn es sicher Dinge gibt, die unsere Aufmerksamkeit rechtfertigen.

Ein Letztes: Wenn wir eine Idee Gottes sind, auf ihn hin geschaffen, verändert das den Fokus grundsätzlich. Wenn er unsere Aufmerksamkeit gewinnt, finden wir wertvolle, andere Ordnungsmuster für unser Leben, die ewigen Bestand haben. Auch wenn wir in der Lage sind, kluge Maschinen zu bauen, die uns die Arbeit, ja selbst das Denken erleichtern, werden wir dennoch den Wert des Unberechenbaren neu zu schätzen wissen. Die Fähigkeit, durch unsere Mitmenschlichkeit und Kunstfertigkeit, durch die Erfahrung der Schönheit und unserer Empfindsamkeit etwas vom Wesen Gottes zu entdecken. Etwas, das sich jeder Rationalität entzieht. Und wir werden entdecken, warum wir doch die Krone dieser Schöpfung sind – und das nicht, weil wir in der Lage wären, über alles Geschaffene zu verfügen und zu herrschen, sondern weil es keine anderen Geschöpfe gibt, die so tief fallen können wie wir. Das zu erkennen, macht demütig und bringt uns dazu, uns dem Guten zuzuwenden.

Es kann so einfach sein ...

Wolfram Heidenreich // Eine nackte Glühbirne in einer Messingfassung, auf dem Tisch Aluminium-Besteck und billig gepresste Trinkgläser. Der kleine Raum ist so eng mit Tischen und Stühlen vollgestellt, dass man sich miteinander arrangieren muss, wenn jemand aufstehen möchte. Im Erdgeschoss des Restaurants in der Elandsgracht in Amsterdam, in einem Raum, der nicht viel größer als eine Doppelgarage ist, ist auch noch die Küche untergebracht. Auf der Speisekarte steht ein einziges Menü. Im Hauptgang kann man wählen zwischen Fisch oder Fleisch, und wir haben die Wahl zwischen einem Weiß- oder Rotwein. Ein großartiges Essen – nur nach rechtzeitiger Reservierung entweder von 18–20 oder von 20–22 Uhr. Permanent ausgebucht.

Immer wieder, wenn wir auf unseren Reisen irgendwo in einem Restaurant saßen und eine Speisekarte mit zehn oder mehr Seiten vorgelegt bekamen, haben wir uns gewünscht, dass das Leben so einfach wie im Balthazar's in Amsterdam funktionieren könnte. Unser Paradebeispiel zum Thema »Simplify your Life« (siehe Seite 53).

Wie bei Muttern gibt es auch im Balthazar's das zu essen, was auf den Tisch kommt.

In einer zunehmend komplexen Welt, die von uns ständig Entscheidungen verlangt, wächst die Sehnsucht nach solchen einfachen Lösungen.

Als Kinder haben wir das Märchen vom Schlaraffenland vorgelesen bekommen. Ein Land mit Flüssen aus Milch und Honig, Häusern aus Kuchen und Brathähnchen, die knusprig an uns vorbeifliegen. Was uns vor

50 Jahren als Utopie begegnete, ist heute Realität. Wir können in der westlichen Welt zu jeder Zeit fast alles kaufen, ohne uns dafür allzu stark anstrengen zu müssen. Die Wochenendbeilagen in unseren Briefkästen lassen keine Wünsche offen – aber dieses Überangebot überfordert uns auch ständig. Gut zu erkennen, dass ein Weniger oft mehr ist, auch weil klar ist, dass wir uns das Mehr nicht mehr lange leisten können, weil die Ressourcen dieser Erde zunehmend erschöpft sind und es eine gerechtere Verteilung braucht, um in Frieden miteinander leben zu können.

Begegnung am langen Tisch

Wolfram Heidenreich // Eine Sammlung von Marmeladen und anderen Brotaufstrichen steht in der Mitte des langen Tisches. Gegenüber und neben uns sitzen Gäste aus aller Herren Länder. Ein buntes, fröhliches Sprachgemisch. An den Tisch passen etwa zwanzig Menschen. Wir kommen miteinander ins Gespräch. Spätestens wenn man eine bestimmte Marmelade haben möchte, die am anderen Ende des Tisches steht, muss man freundlich fragen. Wir sprechen Englisch und unsere Gesprächspartner sind Unternehmer, wie wir beim gegenseitigen Vorstellen herausfinden. Der eine stammt aus Westfalen (ganz aus unserer Nähe), der andere aus den Niederlanden. Beide sind Spezialisten für den Bau exklusiver Schiffe. Ein anregender Austausch beim Frühstück. Völlig unkompliziert, inspirierend, horizonterweiternd. Das Restaurant heißt »Le Pain Quotidien«, ein Zitat aus dem »Vater unser«: »Unser tägliches Brot gib uns heute…« Da es eine Franchise-Kette ist, findet man solche Restaurants nicht nur in Antwerpen, wo wir es zuerst entdeckt haben, sondern in vielen Metropolen der Welt. Wie einfach: ein langer Tisch als Symbol für Begegnung.

Wie oft haben wir im Laufe der Jahre an diesen Morgen zurückgedacht und uns gewünscht, mit interessanten Menschen und Freunden gemeinsam an einem großen langen Tisch zu sitzen. Miteinander im Gespräch zu sein, das Leben zu teilen. Stattdessen sitzt man oft irgendwo an kleinen Zweier- oder Vierertischen und bekommt gar nicht mit, welche interessanten Menschen direkt nebenan sitzen.

Ein Tisch lädt zur Gemeinschaft ein – und sie geschieht.

Inspiriert von dieser Erfahrung, haben wir für Kunden immer wieder Messestände gestaltet, in deren Zentrum ein langer Tisch eine wichtige Rolle spielte. Und die Erfahrung, dass diese besondere Art der Begegnung einfach guttut, hat sich immer wieder eingestellt.

Ein Tisch ist ein Symbol für Gemeinschaft.

Feuerring

Wolfram Heidenreich // Am zweiten Tag des neuen Jahres sitzen wir am Frühstückstisch eines Schlosshotels, nur ein paar Kilometer westlich von unserem Heimatort, weil wir uns zu einer Klausur, einigen Tagen des Nachdenkens, an diesen ruhigen Ort zurückgezogen haben. Und in der Tat ist es gerade sehr ruhig, wir haben den Eindruck, dass wir anscheinend tatsächlich die einzigen Hotelgäste sind. Dann betreten doch noch zwei Personen den Raum und setzen sich mit etwas Abstand. Wir sind schon mitten in intensiven Gesprächen über die vielen Themen, die uns bewegen. Nebenbei bekommen wir mit, dass die anderen Gäste mit einer Sprachfärbung sprechen, die danach klingt, als ob sie aus der Schweiz stammen. Irgendwann verabschieden sich die beiden und wir wünschen uns gegenseitig einen guten Tag. Was wir in dem Moment nicht ahnen, ist, dass es eine Verbindung zwischen uns gibt und dass aus dieser »zufälligen«, distanzierten Begegnung eine Freundschaft entstehen wird.

Nach dem Frühstück gehen wir nach draußen. Vor dem Haus parkt ein Auto, auf dem ein großer goldener Ring zu sehen ist. Sofort wird uns bewusst, wer da eben mit uns im Frühstücksraum saß. Beim Geburtstagsfest eines Freundes, Karl Imfeld, der als Bildhauer in der Schweiz lebt, haben wir im Sommer an einem solchen Feuerring grilliert (so sagt man das in der Schweiz). Alle waren fasziniert von dieser besonderen Form des Lagerfeuers und der schönen Schale, in der es gefasst war. Karl berichtete uns, dass sein Freund, der Bildhauer Andreas Reichlin, den Feuerring erfunden hätte und sich das archaisch anmutende Objekt gerade von der Schweiz aus in der ganzen Welt verbreiten würde.

Neben dem Auto mit dem goldenen Ring steht der Besitzer, der sich uns als Andreas Reichlin vorstellt. Als wir von unserem gemeinsamen Freund sprechen, ist sofort eine Verbindung da. Es stellt sich heraus, dass Andreas Reichlin und Beate Hoyer mit ihrem Feuerring zu Fotoaufnahmen mit einem lokalen Sternekoch verabredet sind. Mittlerweile sind wir zum »Du« übergegangen. Wir fragen Andreas, ob wir den Feuerring nach den Aufnahmen weiter befeuern dürfen, und verbringen den Winterabend ganz überraschend gemeinsam beim Grillieren, eine besonders schöne Erfahrung. Bei gutem Wein sitzen wir später – dann aber vor dem wärmenden Kamin im Hotel – noch lange zusammen. Es folgten viele weitere inspirierende Begegnungen am Zugersee, in Haltern und Köln.

Immer wieder, wenn wir auf unserer Lebensreise auf Menschen treffen, die uns zu Freunden werden, denken wir, wie schön es ist, dass es solche »Zufälle« gibt. Dass uns etwas zufällt und wir beschenkt werden, mit etwas, was nicht in unserer Hand liegt, was wir nicht hätten planen können.

Andreas hat uns bei der ersten Begegnung etwas gesagt, was wir als einen Segenszuspruch wahrgenommen haben: Als Beate und er uns beim Frühstück beobachten, hätten sie gespürt, dass unser Miteinander, die Art unseres Umgangs, etwas Besonderes ist…

Ein guter Start in ein neues Jahr.

Sushi in Berlin

Wolfram Heidenreich // Etwas mehr als dreißig Jahre ist es her, dass eine neue Essenserfahrung aus einer Kultur nach Europa kam, die unseren bisherigen Gewohnheiten total fremd war: roher Fisch, Ingwer, Seetang, Tofu, Wasabi. In einem Fernsehfeature hatte ich über diese Form der japanischen Küche gehört. Plötzlich und unerwartet ergab sich die Gelegenheit zur eigenen Erfahrung.

Michael und ich besuchten ein Seminar im Internationalen Designzentrum in Berlin. Schon länger waren wir im Gespräch darüber, ob und wie eine gemeinsame Zukunft unserer beiden Design-Büros aussehen könnte. Manche Projekte hatten wir schon zusammen bearbeitet und standen im ständigen kreativen Austausch. Das Fax war dabei unser wichtigstes Kommunikationsmedium. Großartig, dass man sich auf dieser Weise visuell austauschen konnte. Entwürfe wurden hin und her geschickt, kommentiert, neu zusammengestellt … Unvorstellbar, wenn man an die heutigen fast unbegrenzten Möglichkeiten der digitalen Kommunikation denkt – seinerzeit war das Faxen für uns bereits eine Offenbarung.

In der gemeinsamen Zeit in Berlin wollten wir in unserem Annäherungsprozess zu einer Entscheidung kommen. Die Frage stand für mich im Raum: Ziehen wir mit unserer Familie mit drei Kindern nach Haltern am See oder zieht Michael mit seiner Frau nach Mainz? Tatsächlich reifte in diesen Tagen die Entscheidung. Welche Rolle dabei der Besuch des Sushi-Restaurants am Ku'damm in Berlin spielte, lässt sich nicht genau feststellen. Wahrscheinlich war es eines der vielen

Mosaiksteinchen, die in Entscheidungssituationen zusammenkommen und irgendwann ein Bild ergeben, das man deuten kann, das einem den Mut gibt, die Entscheidung fest zu machen.

Auf jeden Fall war uns, als wir vor dem Sushi-Restaurant standen, sofort klar: *Diese* Chance lassen wir uns nicht entgehen. Das Restaurant befand sich in einem Haus, das in den Winkel einer leicht abknickenden Straße gebaut war und deshalb aussah wie ein Tortenstück. Wir mussten uns alles erklären lassen (außer den Stäbchen, die kannten wir schon aus der chinesischen Küche) und haben alles probiert, was die Sushi-Küche an ungewöhnlichen Geschmackserfahrungen anbot.

Immer wieder, wenn wir auf unseren Reisen irgendwo ein ungewöhnliches Restaurantangebot entdeckten, war klar, es wird ausprobiert. Da unser Team Jahre später von diesem Prinzip wusste, hat es uns einmal in ein Dunkelrestaurant eingeladen und sogar in einen Insekten-Kochkurs geschickt. Letzteres hat uns nicht ganz überzeugt, aber in der Regel haben uns die Erfahrungen bereichert.

Michael sagt oft nach dem Blick in eine Speisekarte: »Ich weiß, was du bestellen wirst«, und ich sage dann »Okay, bestell du für mich«. Das Konzept dahinter ist nicht so schwer zu enträtseln, ich liebe ungewöhnliche Zutaten-Kombinationen (und Ingwer).

Übrigens: Dass die Stadt Haltern, in der wir das gemeinsame Büro ansiedelten, seit 2001 den Zusatz »am See« trägt, hat auch mit unserer Hartnäckigkeit zu tun. Konsequent haben wir bei allen Gelegenheiten diesen Zusatz verwendet, auch wenn wir Designprojekte für andere Unternehmen in Haltern umgesetzt haben. Irgendwann fuhr ich am Altmühlsee vorbei und der Zug hielt in »Muhr am See«. Ich wusste, dass der Altmühlsee sehr jung ist (1985 fertiggestellt), und habe gleich ein Foto von dem Bahnhofsschild gemacht. Damit haben wir die Lokalpolitik noch mal angestupst, und es hat weniger als ein halbes Jahr gedauert, da bekam Haltern offiziell den Claim-Zusatz: am See. Nach dem Motto: »Alle sagten: Das geht nicht. Dann kam einer, der wusste das nicht und hat's gemacht.«

Billiger kann man Stadtmarketing nicht bekommen, haben wir immer gesagt, und die positiven Bilder, die die Bezeichnung »am See« regelmäßig erzeugt, kann man nicht in Gold aufwiegen.

Amsterdam-Zeitreise

Wolfram Heidenreich // Wir machen uns ganz früh mit dem Auto auf den Weg, und nach rund zwei Stunden Fahrt endet unsere Reise in Amsterdam. Die Stadt liegt für uns näher als Frankfurt, und immer wieder stellen wir fest, dass der Kulturwechsel uns vielfältig inspiriert. 200 Kilometer Weg, und wir sind in einer völlig anderen Welt.

Eine Zeit lang hatten wir regelmäßig Anlässe, um uns auf diese Reise zu begeben, und oft haben wir uns die Anlässe auch einfach gesucht. Es gab mehrere Anziehungspunkte für uns in der vor rund 400 Jahren erbauten Stadt mit ihren Grachten und wunderschönen Häusern, die 2010 in die Liste des Weltkulturerbes der UNESCO aufgenommen wurden.

Fasziniert hat uns immer die besondere Spannung, die wir in dem Kontrast erlebten: Denn die Stadt ist eigentlich ein großes Museum, in dem aber Menschen des 21. Jahrhunderts arbeiten und leben. Für uns ein äußerst inspirierender Ort, der unsere Gedanken immer wieder stimuliert und uns eine Vielfalt visueller und inhaltlicher Ideen gebracht hat.

Über den Türen der Amsterdamer Häuser kann man farbig bemalte Reliefs aus Stein entdecken. Die dargestellten Szenen gaben Auskunft über die Bewohner und/oder deren Geschäfte. Da es in früheren Jahrhunderten weder Hausnummern noch Straßenschilder gab und viele Menschen nicht lesen konnten, waren sie wesentliche Erkennungszeichen und Wegweiser. So wie wir es heute in Innenstädten auch kennen, leider heute oft mit überdimensionierten, viel zu dominanten und von innen grell beleuchteten Markennamen.

Manche biblischen Bilder und Geschichten findet man auch auf diesen Steinreliefs, die übrigens ein typisch niederländisches Phänomen sind.

Das Ambassade Hotel im Zentrum der Stadt hat bisher von Understatement gelebt, ein Haus für Kenner. Dort treffen sich zum Beispiel die Autoren aus aller Welt mit ihren niederländischen Verlegern. In der Bibliothek sind die Bücher von Umberto Eco, John le Carré und Richard David Precht versammelt. Eine umfangreiche Kunstsammlung der weltbekannten CoBrA-Bewegung zieht sich durch die zehn miteinander verbundenen Häuser des 1953 in der Herengracht gegründeten Hotels.

Mit dem kontinuierlichen Wachstum will das *Ambassade* neue Wege in der Kommunikation gehen. Auch das Internet wird als Informationsmedium der internationalen Gäste immer bedeutsamer. Es gibt alte, freundschaftliche Beziehungen zu den Eignern des Hotels, und wir sind nun beauftragt worden, den visuellen Auftritt des *Ambassade* zu entwickeln und zu gestalten.

Als wir in dem gesammelten Material und unter den vielen Fotos den Giebelstein mit seiner Inschrift entdecken, ist uns sofort klar: Dieses Bild bringt alles auf den Punkt, was Hotelgäste sich wünschen. In der auf dem Giebelstein dargestellten Geschichte aus dem Alten Testament werden Kundschafter in das unbekannte Land vorausgeschickt. Sie kommen zurück und benutzen ein Bild, um ihre gute Botschaft zu inszenieren: eine Traube, die so groß ist, dass zwei Männer sie tragen müssen.

Das alte Bild setzen wir in einen neuen Kontext bei der Entwicklung des Corporate-Design-Konzeptes, in der Kommunikation bekommt es dadurch aktuelle Bedeutung.

Auf den Giebelsteinen niederländischer Häuser findet man oft Steinreliefs. Sie zeigen biblische Bilder und Geschichten. Zum Beispiel die vom »het land van beloften« – »dem Land der Verheißung«.

Obwohl die Geschichte viele Tausend Jahre alt ist, hat sie auch heute Bedeutung. Wir haben das Bild vom »gelobten Land« bei der Entwicklung des Corporate-Design-Konzeptes und der Kommunikation des Ambassade Hotels in einen neuen Kontext gesetzt.

Alles wird leicht

Michael Buttgereit // Seit über 25 Jahren arbeiten wir bereits für die Marke Haufe, als mich der Geschäftsführer der Haufe-Akademie, Mario Kestler, anruft. Während des Gesprächs steht plötzlich ein Satz im Raum, der mich genauso erstaunt wie beeindruckt: »Wir werden irgendwie müde an unserem Erfolg. Uns fehlt der Zusammenhang und tiefere Sinn in unserem Tun. Können Sie uns helfen, dieser Frage auf den Grund zu gehen, damit die Mitarbeiter und das Unternehmen sich wieder lebendig und vital fühlen und wir besser beschreiben können, wofür wir eigentlich da sind?« Wir verabreden uns zu einem vertiefenden Gespräch – und damit beginnt einer der spannendsten Prozesse zur Neupositionierung eines Unternehmens, die ich jemals begleiten durfte.

Wir arbeiten sowohl für Wirtschafts- als auch Non-Profit-Unternehmen und haben dabei eine erstaunliche Entdeckung gemacht: Es gibt einen Unterschied in der Haltung von Menschen, die genau wissen, dass sie einen wertvollen gesellschaftlichen Beitrag leisten, und solchen, die hochprofessionell ihre Märkte mit Leistungen bedienen, aber nicht so recht wissen, warum sie das eigentlich tun. Wir sprechen bei den Non-Profit Organisationen und gerade auch bei den Sozialunternehmen davon, dass »der Sinnraum in den handelnden Personen gefüllt ist«. Dies bedeutet: Alle Beteiligten sind zutiefst davon überzeugt, dass ihr Menschsein und Arbeiten einen wertvollen Beitrag für das große Ganze leistet. Ein Beitrag, für den es sich lohnt, morgens aufzustehen. Auf der anderen Seite erleben wir engagierte Menschen in Wirtschaftsunternehmen, die exzellente Produkte und Dienstleistungen anbieten und sehr professionell Marketing betreiben, ohne dass dabei der Sinnaspekt überhaupt eine Rolle spielt. Und hier kommt ein Anruf von einem Manager, der etwas ganz Entscheidendes erkannt hat: nämlich die berechtigte Frage nach dem Sinn des unternehmerischen Handelns.

Da wir bereits einige Jahre zuvor einen ganz eigenen und ganzheitlichen Ansatz entwickelt haben, wie wir Unternehmen erfolgreich positionieren können, wirkt diese Anfrage von Mario Kestler wie eine Steilvorlage zur Überprüfung unserer Methoden und Prozesse. Grundlage für unseren Ansatz, den wir *Positionierungsdesign* nennen, ist die Erkenntnis, dass Menschen viel weniger als früher Produktionsprozessen dienen, sondern Technik zunehmend den Menschen hilft, ihre ganz eigenen Fertigkeiten zu optimieren. Solange die von Ingenieuren entwickelten Maschinen den Takt für die Werker und den Vertrieb vorgaben, hatte das Ganze nur einen einzigen Sinn zu erfüllen: die Produktionssteigerung, Absatzförderung und Verbesserung des Geschäftsergebnisses. Obwohl es diese Prozesse immer noch gibt, orientieren sich die Erfolgsprozesse immer mehr an den Bedürfnissen von handelnden Menschen, ihren Motiven und Arbeitswünschen. Sie selbst und ihre Kreativität erzeugen Innovation und gute Lösungen in einer Welt, die zunehmend selbstkritisch mit sich und den Unternehmen umgeht, in denen sie arbeiten. Unternehmen, in denen Mitarbeiter ganz Mensch sein können, erleben plötzlich einen enormen Wettbewerbsvorteil: Sie ziehen gute Mitarbeiter an und werden als Marken vom Kunden eher glaub- und vertrauenswürdig wahrgenommen. Wenn die Maschine nicht mehr das Maß aller Orientierung ist, dann rückt der Sinn des Tuns von Menschen ganz neu ins Bewusstsein.

Unternehmen sind ja nicht für sich selbst da, sondern um ihren Kunden überzeugende Leistungen zur Behebung von Problemen oder der Erfüllung von Wünschen zu ermöglichen. Interessanterweise ist eine solche Sichtweise vielerorts noch nicht im Bewusstsein. Im Ausbildungsbetrieb der Schulen geht es ganz allein darum, Bildung zu vermitteln, damit der Schüler in der Lage ist, sich seine eigenen Wünsche im Leben zu erfüllen.

»Du sollst es mal besser haben als wir«, war über Jahrzehnte der Antrieb von Eltern, für die Ausbildung ihre Sprösslinge zu sorgen. Und mal ehrlich: Haben wir uns bei der Frage nach dem Bildungsweg, der Schule und der Ausbildungswahl jemals darum gekümmert, ob unsere Existenz in unserem späteren Beruf einmal für jemand anderen von Bedeutung sein könnte?

Menschen meiner Generation haben vor allem gelernt, dass wir einen Beruf ergreifen, um uns später unsere Wünsche erfüllen zu können, um ein gutes Auskommen zu haben. Damit fehlt bereits ein ganz entscheidender Aspekt, nämlich die Frage nach dem Sinn. Wofür wir uns einsetzen wollen, wem wir mit unserem beruflich Engagement das Leben verbessern wollen, wie unsere Existenz zu einem guten Beitrag für die Welt werden kann.

Sinn ergibt sich nicht allein dadurch, dass unser Fleiß und Einsatz belohnt werden. Sinn entsteht, indem wir etwas beitragen, dass *für andere* einen Wert erzeugt.

Wir können deshalb den Sinn nicht bei uns selbst finden, sondern in der positiven Resonanz, bezogen auf den Wert für und die Wirkung auf andere.

Es ist beispielsweise durchaus bemerkenswert, einer der größten Weiterbildungsanbieter in Deutschland zu werden – aber es ist nicht per se sinnvoll. Denn wir erfahren unseren Sinn nicht im Applaus und Respekt des Marktes für unsere Größe oder Erfolge, sondern in der Bedeutung, die wir für jemanden haben können. Das erzeugt eine enorme Energie und Potenzialentfaltung bei Menschen.

Wir stellen deshalb dem Team der Haufe-Akademie die Frage, was sie besonders gut kann und macht und was dies für den einzelnen Menschen bedeutet, der das Angebot nutzt. Es geht ganz bewusst nicht darum, wie »der Markt« durch taktische Werbung von der Leistungsfähigkeit der Haufe-Akademie überzeugt werden kann.

Am Ende steht die Erkenntnis, dass die Akademie glaubwürdig behaupten kann, die Entwicklung von Menschen in einzigartiger Weise erleichtern zu können. So gut, so überzeugend, dass dies zukünftig ihre Alleinstellung begründen wird. Wir haben das innere Bild der zukünftigen Marke entdeckt und können es nach vielen Abwägungen auf zwei Worte reduzieren: »Entwicklung erleichtern«. Jede Entwicklung im Unternehmen, jede Innovation hat jetzt einen Sinnbezug, der stets im Außen verankert ist und Bestand haben kann. Plötzlich entstehen Weite und ein Resonanzraum für das eigene Engagement der Mitarbeitenden, etwas, was jede und jeden dazu beflügelt, sich bestmöglich einzubringen.

Es dauert ungefähr sechs Monate, bis wir der gesamten Belegschaft, über 200 Personen, diese Ergebnisse präsentieren. Die Reaktionen sind beeindruckend: Die Erkenntnis, dass man als Mannschaft für andere Großartiges leisten kann, bewegt viele Mitarbeitende. Der Anspruch, miteinander für andere »Entwicklung erleichtern« zu können, mündet in das Versprechen der Marke: »Alles wird leicht.«

Sinn entsteht, indem wir etwas beitragen, dass *für andere* einen Wert erzeugt.

Abkürzungen nehmen

Wolfram Heidenreich // Wir kennen alle die Trampelpfade in Parks, die sich überall dort bilden, wo der direkte Weg schnelleres Vorwärtskommen verheißt und kein Beet oder Zaun mich daran hindern. Ich habe einmal gehört, dass dieses Phänomen bei der Anlage von Parks manchmal auch direkt eingeplant wird. Man lässt Menschen einfach mal loslaufen und legt die Wege dann später entsprechend den Trampelpfaden an. Das ist eine kluge Idee, finde ich.

Abkürzungen sind praktisch, und in der Kommunikation kennen wir dieses Phänomen auch. Organisationen haben sich manchmal Namen gegeben, die so lang sind, dass es ganz automatisch passiert, dass sie schon bald abgekürzt werden. Oft geschieht dies aus pragmatischen Gründen – wie die Abkürzung im Park –, manchmal aber auch mit Absicht, ohne zu bedenken, welche Herausforderung dies für alle, die damit erst einmal nichts anfangen können, mit sich bringt.

Bei einigen dieser sogenannten »Akronyme« kennen wir die Bedeutung dahinter und können deshalb direkt zuordnen, was ARD, AEG oder ZDF bedeuten. Aber für was stehen CJD, DJH oder WHO?

Manche Abkürzung steht für mehrere Organisationen gleichzeitig. So kennen wir das ZDF als »Zweites Deutsches Fernsehen«. Friseure kürzen aber so auch ihren »Zentralverband des Deutschen Friseurhandwerks« ab.

Manche treiben es auf die Spitze: Unser örtliches Krankenhaus wurde jüngst in KKRN (das steht für Katholisches Klinikum Ruhrgebiet Nord GmbH) umbenannt. Diese Bezeichnung ist so abstrakt und alltagsfremd, dass wahrscheinlich noch in hundert Jahren vom Sixtus-Krankenhaus gesprochen wird.

Die Hip-Hop-Gruppe »Die Fantastischen Vier« hat dem Abkürzungswust in ihrem Lied »MfG – Mit freundlichen Grüßen« ein Denkmal gesetzt. Da werden »BRD, DDR und USA« mit Kürzeln wie »RAF, LSD und FKK« aneinandergereiht.

Es gibt auch bewusst *geformte* Abkürzungsnamen, die sich sprechen lassen und die nicht buchstabiert werden. IKEA steht für die Initialen des Gründers Ingvar Kamprad; Elmtaryd, den Namen des Bauernhofes, auf dem er aufwuchs, und das nahe gelegene Dorf Agunnaryd. Damit wurde ein Kunstwort geschaffen, das gut klingt, sprechbar ist und eine Bedeutung hat. Ebenso wie HARIBO, eine Wortschöpfung, die aus dem Namen des Firmenchefs HAns RIegel BOnn gebildet wurde. Durch die werbliche Kommunikation haben wir gleich dazu den Reim »… macht Kinder froh« und die dazugehörende Melodie im Kopf parat.

Bei den Organisationen, über die wir täglich in den Medien hören und lesen, ist das mit den Abkürzungsnamen im Blick auf die Kommunikation weniger problematisch. Wir haben sie alle gelernt und verbinden damit ein Angebot, ob es der ADAC ist, BMW, der IWF, die UNO oder VW.

Allzu oft fahren wir aber durch die Gegend und sehen auf einem Lkw oder einer Fabrikhalle ein Logo, das wir nicht kennen. Was kann das bedeuten? Beispielsweise das Kürzel KKS. Man könnte genauso gut ein Fragezeichen anbringen, der Informationswert wäre ungefähr der gleiche. Man ahnt, dass es irgendeine Abkürzung ist, das Rätsel wird aber nicht aufgelöst. Bei der Vielzahl der Abkürzungsnamen und wegen ihrer Abstraktheit fällt es uns auch viel schwerer, sie uns zu merken, im Gegensatz zu echten und sprechenden Namen.

Unzählige Male wurden wir im Laufe unserer Arbeit mit der kommunikativen Herausforderung konfrontiert, dass eine Organisation sich keinen Namen gegeben hat, sondern mit einem Claim benannt wurde. Ein Claim ist aber kein Name und die Buchstabenabkürzung eine schlechte Krücke, um daraus einen Namen zu bilden. Das ist so, als würde man sein Kind einfach nur »Kind« oder seine Katze »Katze« nennen. Trotzdem begegnet uns diese Art der Benennung an vielen Stellen in unserem Alltag.

Besonders in der kirchlichen und diakonischen Welt begegnet uns diese Art von Abkürzungen häufig: EKD, EKvW, EKiR, VELKD, AMD, SCM, ERF, CJD, SMD, RMJ, CVJM, DEA, DIPM, DMG, NLfF ... Insider können diese Bezeichnungen deuten, aber für alle anderen sind sie kryptisch und nichtssagend.

Auch innerhalb der Organisationen gibt es dann oft noch zahlreiche Abkürzungen, und manches Mal mussten wir uns ein Glossar anlegen, um sie zu verstehen und schließlich auch mitreden zu können.

Manchen Organisationen haben wir geholfen, echte, passende Namen zu finden, oder einen Namensänderungsprozess begleitet. Nicht immer hatte man den Mut, sich von dem Abkürzungsnamen zu trennen, und wir haben andere kommunikative Brücken gefunden.

Ganz am Anfang der Bibel wird in dem schönen prosaischen Text über die Schöpfung der Welt erwähnt, dass Gott den Menschen beauftragt, jedem Tier einen Namen zu geben. Ich stelle mir immer vor, wie dabei die Namen »Giraffe«, »Kolibri«, »Rhinozeros« und eben auch »Katze« entstanden sind. Aber eben nicht: »Tier mit langen Beinen und einem noch längeren Hals – sprich: TMLBUENLH).

Namen sind in der Bibel ein offensichtlich wichtiges Thema, etwa 350-mal geht es um Namen und deren Bedeutung. Gott oder Engel vergeben in den überlieferten Geschichten bedeutungsvolle Namen. Jesus benennt Simon neu – Petrus, »der Fels«, – und aus Saulus wird sprichwörtlich Paulus. Das zentrale Gebet der Christenheit beginnt: »Vater unser im Himmel, geheiligt werde Dein Name«. Gott legt offenbar Wert auf seinen heiligen Namen.

Wenn ein Kind geboren wird, bekommt es einen Namen. Die Eltern denken darüber oftmals monatelang nach. Das scheint auf besondere Weise ein heiliger Prozess zu sein. In der Regel empfinden wir den Namen dann als passend. Er verbindet sich ganz schnell mit dem Kind und wir können es uns gar nicht mehr anders vorstellen: »Das ist Lio.« Aber woher wussten die Eltern eigentlich vor der Geburt, dass der Name passt?

Michael Buttgereit // Wenn man seit über dreißig Jahren in der Branche tätig ist, dann kann man die Vielzahl an Präsentationen nicht mehr alle erinnern. Trotzdem bleiben einem einige bemerkenswerte Erlebnisse im Gedächtnis zurück. So erinnere ich mich immer wieder an einen jungen Kollegen, dem mitten in der Präsentation ein Socken aus dem Hosenbein fiel – weiß der Himmel, wie er dort vorher hingekommen ist. Oder eine Anreise zu einer Präsentation nach Berlin, die einfach um eine Woche zu früh im Kalender eingetragen war, sodass ich unverrichteter Dinge wieder nach Hause fuhr. Aber da wir uns ja hier mit der Welt der Ideen befassen, braucht es manchmal ganz schnell selbige, wir nennen das dann wohl Geistesgegenwart, um auch unangenehme, ja irgendwie peinliche Situationen zügig abzuwenden.

Die moderne Technik ist ja ein besonderer Segen, wenn man sie zielführend zu nutzen versteht. So kann ich mir auf dem Weg zu einer Präsentation mit dem Navigationssystem meines Smartphones aus der Misere helfen, da einige Tage zuvor mein Auto aufgebrochen und mein Navigationsgerät gestohlen wurde. Ich gebe also die Route zum verabredeten Ort der Präsentation ins Mobiltelefon ein und fahre zielsicher dorthin. Rechtzeitig dort angekommen, nehme ich meine Unterlagen und bereite den Raum für die nun folgende wichtige Projektvorstellung vor. Ein Gremium von zehn Personen betritt den Raum und nimmt Platz. Einige persönliche Worte werden gewechselt, alle sind sehr gespannt, wie wir die gestellte Aufgabe gelöst haben. Plötzlich meldet sich für alle gut vernehmbar eine Damenstimme tief aus meiner rechten Anzughosentasche: »Sie befinden sich in einer Sackgasse.« Die noch aktive Navigations-App meines Smartphones hat sich unaufgefordert gemeldet. Das Gremium ist zunächst etwas irritiert und dann sichtlich überrascht, als ich die Urheberin des Gastbeitrages aus meiner Hose ziehe. Ich ernte durch die Bank ein lautes Lachen und sehe dabei die wichtige Dramaturgie meines bereits begonnenen Vortrags dahinschwinden. Ohne auf die durchaus belustigende Situation weiter einzugehen und nicht noch mehr von der Konzentration auf meinen Vortrag zu rauben, schaue ich mein Smartphone von allen Seiten an und bemerke kurz und nüchtern: »Erstaunlich, was diese Geräte heute schon alles wissen.« Mit diesen Worten schalte ich das Teil aus und stecke es kurzerhand wieder in die Hose, um mit meiner Präsentation fortzufahren. Das Gremium weiß die Komik der Situation nun doppelt zu würdigen, wirkt aber sichtlich überrascht, dass mir dieser Kommentar so spontan eingefallen ist. Wichtig für mich, dass ich so die volle Aufmerksamkeit zurückerobert habe.

Noch heute muss ich laut lachen, wenn mein Handy diese Navigationsansage vorträgt, weil es eine urkomische Situation war, in die ich da geraten bin. Geistesgegenwart ist wohl das unverdiente Geschick, zum richtigen Zeitpunkt die richtige Antwort zu ergattern. Besonders schön, wenn sie uns hilft, unsere eigenen Unzulänglichkeiten oder Missgeschicke auszumerzen.

Scheitern kann Gutes bewirken

Wolfram Heidenreich // »Mehr als 40 Wochen lang waren sie in 16 Bundesländern unterwegs, haben über zwei Millionen Kilometer zurückgelegt. In ihnen wurde gebetet, gebeichtet und über Gott gesprochen: Jetzt erhielt die ›kleinste Kirche der Welt‹ – ein halbes Jahr nach Abschluss der aufsehenerregenden Aktion – in Hannover den *Gold Award*, den internationalen Design-›Oscar‹«. So der Medienbericht über eine Aktion, die mit einer Pleite begann.

Doch zurück zum Anfang: Wir sind am Ende mit unserem Latein. Zwei Wochen vorher haben wir einem etwa dreißigköpfigen Gremium ein Kommunikationskonzept präsentiert, an dem wir monatelang intensiv gearbeitet haben. Es war eine anspruchsvolle Aufgabe: »Wie kann man heute die Botschaft, dass Gott uns Menschen liebt und dass er alles dransetzt, um uns Menschen zu erreichen, mit Mitteln der Werbung kommunizieren?« Eine landesweite Kampagne sollte es werden, bei der alle Register gezogen werden sollten. Amerikanische Organisationen hatten in anderen europäischen Ländern ähnliche Aktionen in Gang gebracht, leider oft ohne die Kirchen und Gemeinden vor Ort angemessen einzubeziehen. Das sollte in Deutschland anders werden, und mit der Initiative ProChrist, die von einer breiten Basis verschiedenster Kirchen und Organisationen getragen wird, gab es dafür die Basis.

Wir präsentieren dem Gremium unser Konzept, an dem wir lange gearbeitet haben – und von dem wir zutiefst überzeugt sind.

Und dann passiert etwas, was wir in Gremien immer wieder mal erlebt haben: Es melden sich zuerst mit großer Vehemenz diejenigen, die Einwände haben. Alle möglichen Bedenken werden geäußert. Kluge und weniger kluge Argumente werden genannt. Eine Diskussion entsteht, schließlich werden auch die Geldmittel zum Thema. Die Stimmung kippt, dann folgt eine Abstimmung; die Mehrheit lehnt das vorgestellte Konzept ab. Wir fühlen uns wie vor den Kopf geschlagen. Einige aus der Runde kommen auf uns zu, um uns zu trösten: »Ich fand das Konzept großartig …« Wir fragen zurück: »Warum habt ihr das nicht deutlicher vertreten?«

Man entlässt uns mit einem neuen Auftrag: Innerhalb von zwei Wochen können wir noch einmal einen Vorschlag präsentieren – der Media-Etat ist aber gegenüber dem von uns ursprünglich im Blick auf die Wirksamkeit der Kampagne errechneten Etat auf etwa ein bis zwei Zehntel zusammengeschmolzen. Die Aufgabe wird damit natürlich noch mal um einiges herausfordernder.

Wie in jedem Abschieds- und Trauerprozess brauchen wir ein paar Tage zur Bearbeitung des Schmerzes. Zuerst schimpfen wir über das ignorante Gremium, die dummen Argumente (und Menschen) … Bei einem langen Spaziergang sprechen wir nochmals über all das und laden die Enttäuschung, mehr noch die Wut, die Hilflosigkeit, die Trauer, laut im Wald betend, ab. Eine Woche bleibt uns für eine neue Lösung.

Bei aller Professionalität und Erfahrung mit der Erarbeitung von Konzepten ist uns klar, dass wir jetzt möglichst schnell eine ganz neue Inspiration brauchen – eine Idee geschenkt bekommen müssen – und dass

Unser erstes Konzept – hier das Plakatmotiv – fand nach kontroverser Diskussion in dem Gremium keine Zustimmung.

Glücklicherweise konnten wir das Kampagnenmotiv ein paar Jahre später in einem anderen Kontext einsetzen.

dann eine Woche intensiver konzeptioneller und gestalterischer Arbeit vor uns liegen wird.

Das Wandern durch den schönen Wald tut uns gut, hilft uns, ruhig zu werden, loszulassen. Wir haben erste Gedanken, Ideen ... Schließlich stellen wir uns eine wesentliche Frage, die uns auf die neue Spur bringt: Wenn nun nur noch ein eng begrenzter Etat zur Verfügung steht, was kann man damit anstellen, um deutschlandweit größtmögliche Aufmerksamkeit zu bekommen?

Michael sagt: »Wir kaufen 100 Smarts und fahren damit herum – das fällt auf.« Sofort folgt die weitere Frage: »Aber was soll das, was ist die Botschaft?« Wir gehen der Spur nach und irgendwann kommt uns eine Idee, die funktionieren kann: »Die kleinste Kirche der Welt« wird geboren. Damit verbunden ist die Botschaft, dass Gott nicht nur in Kirchenmauern zu Hause ist, sondern uns entgegenkommt. Ein Zitat von Jesus aus der Bibel ist Grundlage. Er sagt: »Wo zwei oder drei Menschen in meinem Namen zusammenkommen, da bin ich selbst in ihrer Mitte.«

Die Idee kommt auch bei unseren Auftraggebern gut an und wird realisiert!

Tatsächlich werden schließlich 75 Smart-Pkw mit dem Schriftzug »Die kleinste Kirche der Welt« versehen. Auf vielen Straßen und Plätzen sind sie zu sehen. Und die rund 3 000 »Piloten«, ehren- und hauptamtliche Mitarbeitende aus Kirchen und Gemeinden in ganz Deutschland, die mit den farbenfrohen Gefährten unterwegs sind, erleben, dass sich die Menschen einladen lassen. Sie sehen die Smarts, lächeln, man kommt über Gott und die Welt ins Gespräch und plötzlich sind zwei (oder drei) zusammengekommen.

Die Medien verbreiten die Bilder der Smarts: Das *heute journal* berichtet, ebenso die großen Tageszeitungen. »Die kleinste Kirche der Welt« steht auch oben auf der Zugspitze, dem höchsten Punkt in Deutschland, und fährt 1 200 Meter unter Tage zu den Bergleuten. Der ursprünglich angesetzte Media-Etat wird nicht benötigt, die Geschichten und Bilder laufen von alleine.

Das Projekt bekommt schließlich die bedeutendste internationale Auszeichnung, den *IF in Gold* in der Sparte *Cross Media*. Bei der Siegerehrung verteilen wir das Booklet »Zweifeln und Staunen« auf allen Plätzen der Gäste in der HANNOVER MESSE. Der Vorsitzende der 15-köpfigen, international besetzten Fachjury, der Schweizer Ruedi Alexander Müller-Beyeler, erläutert: »Der iF communications design award bildet eine repräsentative Auswahl ab, die zeigt, wo das Design heute steht. Denn Design ist längst nicht mehr die Frage nach einer einzigen Ästhetik – eine ganze Welt unterschiedlicher Ästhetiken leistet ihren Kulturbeitrag und spricht so unterschiedliche Zielgruppen an.«

Was wäre wohl passiert, wenn das Gremium unser ursprüngliches Konzept nicht abgelehnt hätte?

Nicht immer kommt durch ein Scheitern, eine Krise, etwas in die Welt, was den Sinn des Scheiterns erkennbar werden lässt. In diesem Fall ist es aber so, und wir sind rückblickend dankbar für die Erfahrung, so schlimm sie auch zunächst war.

Quer durch Deutschland sorgte »Die kleinste Kirche der Welt« für Aufsehen. Unzählige Pressebilder und -berichte transportieren das Anliegen der Aktion weiter.

Menschen kamen ins Gespräch über Glaube, Gott und die Welt.
Hier vor dem Berliner Reichstagsgebäude.

Alter Wein in neuen Schläuchen

Wolfram Heidenreich // Ganz viele Redewendungen in unserem Alltag und unserer Sprache sind Zitate mit einem geschichtlichen Ursprung. Bei vielen Redewendungen können wir davon ausgehen, dass unser Gegenüber den Kontext oder die Bedeutung der Geschichte kennt und damit verstehen wird, was ich meine. Beispielsweise, wenn wir sagen: »den inneren Schweinehund« überwinden oder: »ich verstehe nur Bahnhof.«

Aber die Bedeutung des Zitates »alter Wein in neuen Schläuchen« entschlüsselt sich nur für diejenigen, die diese alte Geschichte einordnen können. Sie leitet sich von einer Geschichte aus der Bibel ab, die Jesus erzählt. Er zitiert diese Redewendung, weil er weiß, dass seine Zuhörer sie verstehen, da sie einen Bezug zu einer schon lange tradierten Erzählung aus dem Alten Testament hat. Dort heißt es: »Und niemand füllt neuen Wein in alte Schläuche; sonst zerreißt der neue Wein die Schläuche und wird verschüttet, und die Schläuche verderben. Sondern neuen Wein soll man in neue Schläuche füllen.«

Der Journalist und Historiker Markus Spieker beschreibt in seinem lesenswerten Buch »Jesus«, dass es wohl einzigartig in der Geschichte ist, dass so viele bildreiche Geschichten von einer einzelnen Person überliefert worden sind wie die Gleichnisse von Jesus.

Da die deutsche Sprache entscheidend durch die Übersetzung der Bibel von Martin Luther geprägt wurde, sind viele Bilder und Redewendungen aus der Bibel auch in unserem Wortschatz gelandet. Ebenso wie die Märchen, Gedichte, Lieder und auch viele Bilder, die seit Jahrhunderten überliefert wurden. Ein großer und wertvoller kultureller Schatz, dessen wir uns kaum bewusst sind. Er ist einfach da und wir bedienen uns daraus. Wenn wir davon sprechen, dass jemand nicht bei »Adam und Eva« beginnen soll, nimmt dies Bezug auf eine der ersten biblischen Erzählungen. »Sieben auf einen Streich!« sind die angeberischen Worte, die das tapfere Schneiderlein im Märchen auf seinen Gürtel stickt, nachdem er sieben Fliegen auf einmal erschlagen hat.

Und auch wenn wir nicht an Sprichworte denken, sondern an überlieferte, quasi ikonografische Bilder, beginnt Kopfkino. Apfel und Schlange stehen für ebenjene Paradieserzählung, in der auch Adam und Eva eine wichtige Rolle spielen. Der Schatz im Acker ist ein weiteres Bild, das sofort Assoziationen auslöst.

Es gab mal eine Foto-Ausstellung, in der die Fotografien lediglich beschrieben und nicht gezeigt wurden. In den Bilderrahmen stand z. B.: »Marilyn Monroe im weißen Kleid über dem U-Bahn-Schacht«. Dieses Bild haben wir wie viele andere im Kopf gespeichert und es wird in Millisekunden abgerufen.

Dass wir diese Bilder, geflügelte Worte und Redewendungen in unserer Kommunikation sinnvoll einsetzen können, setzt voraus, dass wir davon ausgehen, dass unser Gegenüber den Kontext der Geschichte kennt und ihn einbeziehen kann.

»Wer nicht zweifelt, muss verrückt sein«

Wolfram Heidenreich // Der Mitarbeiter an der Tankstellen-Kasse schaut ein zweites Mal intensiv aufs Revers meines Jacketts und fragt: »Stand da nicht eben etwas anderes?« Ich lächle fröhlich und sage, ja, da haben Sie recht. Manchmal steht da das Wort »Zweifel« und plötzlich liest man »Staunen« auf dem Pin, den ich mir ans Jackett gesteckt habe. Je nachdem, wie das Licht durch eine Lentikularfolie mit ihren Prismen fällt, wird eine der beiden Fassungen sichtbar.

Auf der Suche nach einem knapp gefassten Motto, einem Claim für das Veranstaltungsformat ProChrist, haben wir uns sehr intensiv mit der Frage beschäftigt, was den Glauben ausmacht und wie man darüber ins Gespräch kommen kann.

Peter Ustinov, der großartige britische Schauspieler, Autor und Regisseur, soll gesagt haben: »Wer nicht zweifelt, muss verrückt sein.« Dieser Satz hat uns schließlich auf die entscheidende Idee für die Kampagne gebracht.

Aus eigener Erfahrung und aus den Berichten vieler Menschen wissen wir, dass Glaube und Zweifel ein Paar sind. Beides gehört zusammen, wechselt sich im Erleben ab. Das Leben ist nicht schwarz-weiß. Einmal fühlen wir uns total sicher, ein anderes Mal kommen wir ins Zweifeln, ob der eingeschlagene Weg der richtige ist. Manchmal können wir glauben, was über den Gott der Bibel in den Geschichten erzählt wird, oft kommen aber auch Unsicherheit auf. Beispielsweise dann, wenn sich eine vermeintliche Gewissheit als fraglich erweist oder ein Gebet scheinbar oder tatsächlich unerhört bleibt.

In der Bibel, im Markusevangelium (Kapitel 9), ist eine der vielen bewegenden Begegnungen beschrieben, die Jesus mit seinen Zeitgenossen hatte. Der Vater eines todkranken Jungen kommt zu Jesus. Sein Wunsch, dass der Sohn wieder gesund werden soll, liegt auf der Hand. Jesus stellt ihm aber zunächst einige Fragen zu seinem Glauben. Das kann der Vater gerade gar nicht brauchen! In seiner Verzweiflung – sein Sohn liegt schließlich im Sterben – schreit er seine Zweifel heraus: »Ich glaube, hilf meinem Unglauben.«

Unser »Wackelpin« und der Claim »Zweifeln und Staunen« nimmt diese Spannung auf und wird damit zu einem Aufhänger für Gespräche über den Glauben und den zaghaften, klagenden, zweifelnden Glauben, den wir irgendwie alle kennen.

Über die Erfahrung des Zweifelns am Glauben kann man viel leichter, einfacher und echter ins Gespräch kommen als über das Thema Glaube an sich. Mal sind wir selbst mehr Zweifelnde, manchmal aber auch Staunende. Darüber kommen wir auch jetzt an der Kasse der Tankstelle ins Gespräch und geben dem Fragenden ein kleines Booklet mit Informationen zu Pro-Christ und einer Einladung, sich selbst auf die Suche zu machen. Auf einen Weg, der Fragen und Zweifel erlaubt und vielleicht mal in einem ähnlichen Gebet mündet: »Jesus – hilf meinem Unglauben.«

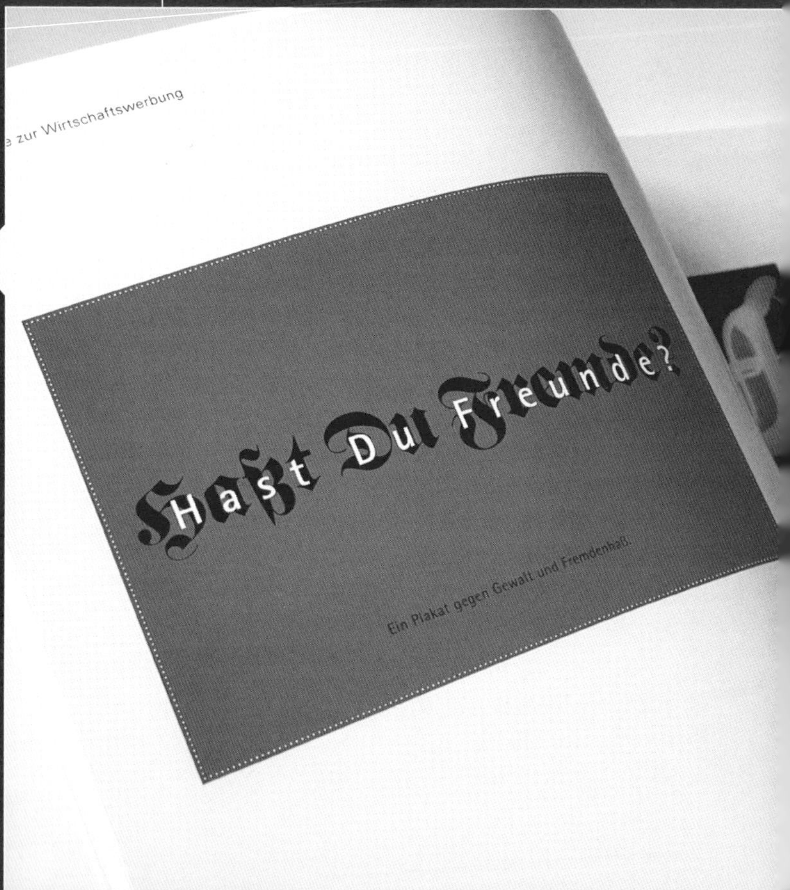
zur Wirtschaftswerbung
Haßt Du Freunde?
Hast Du Freunde?
Ein Plakat gegen Gewalt und Fremdenhaß.

Am frühen Morgen des 29. Mai 1993 wurden fünf Menschen in Solingen Opfer eines rechtsextrem motivierten Brandanschlages.

Ein Jahr nach der Wiedervereinigung im Sommer 1991 begann eine Reihe von ausländerfeindlichen Ausschreitungen gegen Asylbewerber mit mehreren Todesopfern. Seitdem sind neben Solingen andere Orte, wie z. B. Hoyerswerda und Mölln, in das kollektive Gedächtnis eingegangen und damit sozusagen zur »Marke« für rassistische Gewalt geworden.

Aus der Betroffenheit über diese Entwicklungen haben wir als Designer darauf reagiert, indem wir ein Plakat entworfen haben. Da es zu der Zeit noch keine Social-Media-Kanäle gab, konnten wir auf diese Weise ein Statement dazu geben. Gemeinsam mit unserer Stadt Haltern am See haben wir es veröffentlichen können, und es hat sich von da aus verbreitet. Bis heute hängt es an öffentlichen Orten, wurde vielfach von uns angefragt und hat Eingang in Schulbücher und Design-Publikationen gefunden.

Leider ist das Thema, und damit die Botschaft des Plakates, nach über dreißig Jahre heute noch genauso aktuell.

Weniger ist leer

Wolfram Heidenreich // Manchmal spürt man sofort, dass eine Idee eine ganz besondere Bedeutung bekommen kann. Dass sie uns, wie in diesem Fall, derart lange begleitet und so viele unerwartete Wendungen bekommen wird, ahnen wir nicht.

Bei einer Veranstaltung haben wir einen Mitarbeiter des weltweit tätigen Hilfswerkes *Brot für die Welt* kennengelernt. Als wir einige Zeit später im Team spontan und ohne Auftrag eine Plakatidee für *Brot für die Welt* visualisiert haben, rufen wir ihn an. Er öffnete uns die Möglichkeit, den Entwurf und weitere Ideen in einer Runde von Abteilungsleitenden der Hilfsorganisation zu präsentieren. Ganz traditionell sind die Entwürfe auf schwarze Pappen aufgezogen und wir erläutern der Runde unsere Idee und das zentrale Motiv: eine Tonschale mit ein paar Reiskörnern, dazu der Text »Weniger ist leer«. Eine Diskussion entsteht, und schließlich kommt die Frage auf, ob das Plakat und seine Botschaft nicht zu intellektuell sind. Das sehen wir anders: »Intelligent ja, zu intellektuell nein.« Die Funken unserer Begeisterung springen aber offenbar nicht über. Ein paar Tage später erhalten wir die ernüchternde Rückmeldung: »Vielen Dank für Ihre Präsentation, wir glauben jedoch nicht daran, dass das Motiv bei unserer Zielgruppe funktioniert …«

Schade, aber den Versuch war es uns wert.

Einige Wochen später klingelt das Telefon. Die Werbeleiterin von *Brot für die Welt* fragt, ob wir sie bei der Lösung einer anderen Aufgabe unterstützen können. Es geht um die Entwicklung eines Konzeptes für die jährliche Kampagne, die sich im Wesentlichen an die Kirchengemeinden richtet. Die Botschaft, das Motto, soll von den haupt- und ehrenamtlichen Engagierten in die Gemeinden getragen werden. Das diesjährige Motto lautet: »Gottes Spielregeln für eine gerechte Welt«.

Andere Agenturen haben bereits Vorschläge für das zentrale Kampagnen-Motiv geliefert, aber die Ideen haben die Verantwortlichen im Haus nicht überzeugt.

Wir fragen uns: »Was sind denn ›Gottes Spielregeln für eine gerechte Welt‹?«, und entwickeln folgendes Motiv dazu.

Das Motiv kommt insbesondere in den Gemeinden sehr gut an, die Materialien werden nachgeordert, das Motiv schließlich auch noch als Großflächenplakat eingesetzt. Es ist der Beginn einer fruchtbaren Zusammenarbeit auf unterschiedlichsten Ebenen.

Unser beim ersten Treffen präsentiertes Plakatmotiv liegt weiter »in der Schublade«, wir haben es die ganze Zeit nicht vergessen. Denn wir sind überzeugt davon, dass es *Brot für die Welt* helfen könnte, sich

Weniger ist lee
Es gibt so viele,
die hoffen auf mehr,
um überleben zu können.
Ihre Spende hilft.

Fast 15 Jahre lang wird unser Plakat mit seiner einfachen und einprägsamen Botschaft eingesetzt. Es bewegt viele Menschen und wird zu einer Art »Klassiker«.

noch stärker als Organisation für internationale Hilfe in das Bewusstsein hilfsbereiter und spendenfreudiger Menschen zu spielen. Die Gelegenheit für einen weiteren Anlauf kommt, als die Werbeleiterin erneut bei uns anruft, weil sie ein Plakat-Motiv sucht, das kurzfristig einsetzbar ist. Sie entscheidet sich für den Druck unseres Plakats, ohne sich vorher im Haus nochmals abzusichern. Mutig finden wir das.

Das Motiv mit der runden Tonschüssel, den wenigen Reiskörnern und dem Satz »Weniger ist leer« bringt das Anliegen und die Aufgabe der Hilfsorganisation ganz einfach, prägnant und emotional ansprechend auf den Punkt.

Fast 15 Jahre lang wird das Plakat in den unterschiedlichsten Formaten wieder und wieder gedruckt, online präsentiert und weitergegeben. Es trägt dazu bei, die Bekanntheit und Profilierung der Initiative für eine gerechtere Welt zu stärken. Der Satz »Weniger ist leer« wird zum geflügelten Wort und gibt dem Themenfeld »Gerechtigkeit und wirkliches Teilen« eine ganz neue und tiefere Bedeutung. Bild und Text lösen starke Gefühle aus. Die emotionale Betroffenheit führt dazu, dass viele Menschen sich genau erinnern können, wann und wo ihnen das Motiv zum ersten Mal begegnet ist. Der Aha-Effekt, den das Plakat auslöst, setzt sich offenbar tief im Bewusstsein fest.

Nach einer Studie des Marktforschungsinstituts IRES zählt *Brot für die Welt,* wesentlich auch dank des Motives »Weniger ist leer«, zu den drei faszinierendsten deutschen Marken. Umfragen ergaben, dass nahezu jeder das Motiv und seine Botschaft kennt. Bei dem

Stichwort *Brot für die Welt* kommt jetzt in der Regel die Assoziation »Weniger ist leer« auf.

Die Beliebtheit des Motivs hat dazu geführt, dass es von manchen Plakatflächenanbietern immer wieder für das sogenannte »Lückenkleben« angefragt wird. In werbearmen Zeiten werden den Hilfsorganisationen Plakatflächen kostengünstig angeboten.

Über die Jahre hat das Plakat vielfältige Preise und Auszeichnungen erhalten und wurde an den verschiedensten Stellen als Anwendungsbeispiel für gelingende Kommunikation publiziert, beispielsweise in Schulbüchern und anderen Unterrichtsmaterialien.

Im Sommer 2020 erreicht uns die Nachricht, dass das Plakat für den »Deutschen Nachhaltigkeitspreis Design 2021« nominiert ist.

Mit Spannung verfolgen wir die wegen Corona online organisierte Veranstaltung an unseren Bildschirmen im Homeoffice. Wir haben einiges vorbereitet, auch Film-Statements, sind dann aber doch überrascht, als unser Motiv prämiert wird: ›Weniger ist leer‹ hat den Nachhaltigkeitspreis Design 2021 gewonnen!

Ich werde für ein Interview live geschaltet, Kollegen rufen an, weil sie mich im *heute journal* gesehen haben, Gundula Gause berichtet über das Ereignis – und auch hier wird wieder das Plakatmotiv gezeigt.

Gemeinsam mit *Brot für die Welt* freuen wir uns sehr darüber, dass diese wichtige Botschaft so lange und immer wieder neu Aufmerksamkeit erzeugen konnte.

Wolfram Heidenreich // Neben den vielen Begegnungen, die unsere Arbeit mit sich bringt, ist es das Eintauchen in die vielfältigen Themen und Welten, die die Faszination für unseren Beruf ausmacht. Einmal haben Michael und ich einen Neukunden besucht und dessen Fabrik besichtigt. Wir haben gestaunt: Vorne wurden die Holzstämme angeliefert, und hinten kam das Verpackungsmaterial aufgerollt heraus; kaschierter Karton, in den Milch, Säfte und alle möglichen anderen flüssigen Stoffe gefüllt werden, damit sie hygienisch und praktisch in unseren Einkaufswagen landen. Die Abmessungen einer solchen Maschine sind gigantisch: Etwa 12 Meter Arbeitsbreite und 100 Meter Gesamtlänge, mehr als zwei Stockwerke hoch. Zum Schutz vor dem Lärm hatten wir zum Glück bei unserem Rundgang Ohrenschützer bekommen.

Menschen, die ihr Leben lang in einem einzigen Unternehmen arbeiten, erschließen sich solche Welten oft nur dann, wenn sie die Sendung mit der Maus mit ihren Kindern sehen dürfen. Wir haben im Laufe der Jahre ganz Vielfältiges in echt erleben und besichtigen dürfen.

Was uns neben dieser Faszination für das Neue aber letztlich noch mehr interessiert, sind die Menschen, denen wir begegnen. Ihre Ideen und die Motive, aus denen Projekte und Unternehmen entstehen. Oft sind es vordergründig ganz praktische Gründe, die eine Lösung erfordern und dann dazu führen, dass ein neues Angebot geschaffen wird. Dahinter stehen aber immer Menschen, Unternehmerinnen und Unternehmer, die etwas in Gang setzen und in Bewegung halten. Was bewegt diese Menschen?

In der Beratung eines Unternehmens beschäftigen wir uns als Erstes mit dem, was wir die »Selbstpositionierung« nennen. Die Fragen nach dem Warum und Wozu. Was ist der Antrieb, dieses oder jenes zu wagen, bestimmte Produkte zu entwickeln und zu verkaufen? Klar, dass es immer auch darum geht, Geld verdienen zu können, denn schließlich braucht es das zum (Über-)Leben. Aber Geld verdienen allein reicht auf Dauer nicht, um ein Unternehmen erfolgreich zu führen. Deshalb geht es immer auch um die Frage: »Welchen Sinn stiftet das Unternehmen gegenüber seinen Mitarbeitenden, den Kunden und der Unternehmerin bzw. dem Unternehmer? In der Beantwortung dieser Frage liegt ein nicht zu unterschätzendes Energiepotenzial, welches für das Selbstbewusstsein, die innere Gesundheit einer Unternehmung und seiner Mitarbeitenden, aber natürlich auch die Kommunikation nach innen und außen entscheidend wichtig ist. Die einen bauen ihre Produktion so um, dass dabei so wenig wie möglich Wasser verbraucht und verschmutzt wird und engagieren sich darüber hinaus für Wasser-Projekte in Afrika. Andere Unternehmen entwickeln eine App, mit sich Lebensmittelverschwendung vermeiden lässt. Ärzt*innen und Pflegekräfte kümmern sich um die Kranken, und wieder andere schaffen ein kulturelles Angebot, das uns für eine Weile die Sorgen des Alltags vergessen lässt.

Eher seltener haben wir mit einer bestimmten Unternehmensgattung zu tun – obwohl diese eine unverzichtbare Dienstleistung bietet: Bestatter*innen. Es ergab sich, dass wir gleich mehrfach in Projekten Berührungspunkte mit Bestattungsunternehmen hatten und damit über die Zeit gute Brancheneinsicht und -kenntnis bekamen. Welche Dienstleistung ein Bestattungsunternehmen grundsätzlich anbietet, ist allgemein bekannt, und mit den Details möchten wir uns ja in der Regel gar nicht so genau beschäftigen. Dafür gibt es schließlich diese Fachleute. Was früher mal Aufgabe der Nachbarschaft oder der Kirchengemeinde war, ist wie die meisten diakonischen Aufgaben heute professionalisiert und damit auch aus unserem Alltagsleben verschwunden.

Bestatter begegnen uns mit ihren schwarzen Autos auf der Straße. Ab und zu kommen wir an Schaufenstern vorbei, die außer ein paar ausgestellten Urnen oder Fotos von Särgen mit Blumenschmuck kaum Attraktives zu zeigen haben. Meist steht auf dem Firmenschild ein Familienname und darunter die Bezeichnung »Bestattungen«. Damit ist eigentlich alles gesagt – sachlich, nüchtern, klar. Braucht es mehr?

Ein junger Bestatter in Düsseldorf, der unmittelbar nach seiner Ausbildung mit Begleitung und Unterstützung seines Vaters ein Bestattungsunternehmen gründete, bekam die Empfehlung, sich einmal mit uns als Beratern zu treffen, um darüber zu sprechen, wie die Neugründung und das Angebot in der öffentlichen Wahrnehmung auf eine gute Weise und möglichst schnell bekannt gemacht werden kann. Vater und Sohn erzählten uns, angeregt durch unsere Fragen, dass sie in ihrer Arbeit Menschen in einer Ausnahmesituation begegnen. Von den oft intensiven Gesprächen, der Begleitung in der Trauer, den Fragen, die die Angehörigen haben, auch der seelsorgerischen Dimension, die die Begegnungen meistens bekommen. Was uns dabei deutlich wurde: die Bezeichnung »Bestatter« beschreibt kaum, was ihre Tätigkeit und das Angebot ausmacht. Es ist zwar der gängige Begriff, aber nur ein kleiner Ausschnitt des Dienstleistungsspektrums ist damit beschrieben.

Dazu kommt, dass eine Differenzierung, allein über den Familiennamen, für einen Bestatter heute nicht mehr ausreichend ist. In kleinstädtischen Strukturen, in denen man die Bestatter-Familie und ihre Tradition noch kennt, wo die handelnden Personen auch im Schützenverein und bei Kolping mitmachen, mag das ausreichen. In einem Großstadtumfeld aber nicht mehr. Wie kann ein Bestatter sich von den anderen Anbietern ähnlicher Dienstleistungen unterscheiden? Es gibt auch in dieser Branche nahezu alles: Traditionsunternehmen, moderne Betriebe und Billiganbieter ...

Nachdem wir die beiden und ihre besondere Art und Haltung kennengelernt hatten, war für uns klar, dass ein mutiger Schritt in eine ganz andere Richtung zum gewünschten Ziel führen würde. Im Schaufenster von Dominik und Frank Plätschke haben wir deshalb in einer grünen Neonschrift ein Statement gesetzt: »... die Liebe bleibt.« Das bringt das Herzensanliegen der Düsseldorfer Bestatter auf den Punkt und schafft Aufmerksamkeit. Menschen interessieren sich eben nicht nur dafür, was wir als Unternehmen tun, sondern auch für das Warum. Und ein Betrieb, der den Satz »die Liebe bleibt« in den Mittelpunkt seiner Arbeit stellt, vermittelt damit weit mehr: Empathie, Achtsamkeit gegenüber den Gefühlen der Angehörigen der

...die Lieb

Ein starkes Statement – in grüner Neonschrift – im Schaufenster eines Bestatters. Drei Worte, die den Antrieb und Zweck des Unternehmens auf den Punkt bringen.

verstorbenen Person, eine würdige Gestaltung des Abschieds und ein sorgsames Auge für das Bewahren der Erinnerungen.

»... die Liebe bleibt.« – Emotionaler kann man kaum ausdrücken, was die beiden Bestatter bewegt und antreibt, und nachdem sie den Mut gefasst hatten, diesen Satz als Claim ihres Unternehmens zu wählen, wurde ihnen zunehmend bewusst, dass er genau die Menschen anziehen wird, für die sie gerne arbeiten würden. »Damit werden uns nicht mehr Leute anrufen, die als Erstes fragen: ›Was kostet bei Ihnen eine Bestattung?‹«

Die Bestatter in Düsseldorf haben eine Verabredung, dass sie aus Pietätsgründen auf ihren Fahrzeugen keine werbliche Beschriftung anbringen. Das Statement »... die Liebe bleibt.« erscheint in einem anderen Licht und passt an dieser Stelle gut. Auch ein Stoffbeutel, der mit dem Statement bedruckt wurde, ist gefragt. Wer würde sonst mit einer Werbung für einen Bestatter einkaufen gehen?

Immer wieder montags

Michael Buttgereit // Wenn man vorhat, sich in Gemeinschaft für eine längere Zeit auf den Weg zu machen, dann ist es ratsam, sich gute, regelmäßige Gemeinsamkeiten anzueignen. Denn man wird ja viel Zeit miteinander verbringen. Diese Zeit kann man dem willfährigen Zufall des Schicksals überlassen, um zu sehen, was einem gemeinsam widerfährt. Besser ist es wohl, man bildet Ankerpunkte, die einen immer mal wieder die Gemeinsamkeit bewusst erleben lassen. Rituale sind solche Ankerpunkte, und sie helfen uns, der Gemeinschaft eine Form zu verleihen und auf der Zeitachse Ausdruck zu geben. Eine gute Gemeinschaft kann man vielleicht auch daran erkennen, dass sich irgendwann Rituale bilden.

Nun mag manche Leserin oder mancher Leser meinen, dass Rituale eine Art selbst verordneter Disziplinierungsmaßnahmen seien. Wolfram und ich machen seit vielen Jahren die Erfahrung, dass es sowohl auf Inhalt und Bedeutung des Rituals als auch auf den zunehmenden Nutzen dieser Art von Verbindlichkeit miteinander ankommt, um es nicht als Einschränkung von Freiheit zu erleben. Auf besondere Art erzeugt die Verbindlichkeit des Rituals auch eine Art von innerer Freiheit, denn es ist nicht länger nötig, sich stets neu zu vereinbaren oder abzustimmen. Im langjährigen Rückblick mache ich die Erfahrung, dass eine Gemeinschaft, die Bestand haben soll, eine gute Ordnung benötigt. Wenn diese Ordnung (Gestaltung) nicht aus einer rigiden Verordnung (Gesetz) besteht, sondern aus wohlwollender Übereinkunft über den Wert des verbindlichen Rituals, dann wird man erstaunliche Früchte daraus ernten können.

Genug theoretisiert: Wolfram und ich treffen uns seit beinahe 30 Jahren jeden Montagmorgen zu einer gemeinsamen Begegnungszeit. Wir begrüßen also miteinander die neue Woche mit ihren Herausforderungen und Hoffnungen. Wir tun dies nicht allein: Über dieser Zeit steht ein Satz, der die Grundlage unserer Zusammenarbeit geworden ist. Dieser Satz findet bereits in einem anderen Kapitel Erwähnung, schon früh ist er zum Leitsatz unserer Zusammenarbeit geworden; er steht in der Bibel, im Buch Prediger; Kapitel 4, Vers 9:

»Zwei sind allemal besser dran als einer allein.«

Wolfram und ich teilen den gemeinsamen Glauben, dass es gut ist, einen Dritten mit im Bunde zu haben. Wir leben aus der Erkenntnis, dass die Hoffnung, die uns die Bibel schenkt, kein hässlicher Trost für die Erfolglosen und Armen dieser Welt ist, sondern die einzig begründete Hoffnung für unser Leben und Arbeiten darstellt. Wir machen die Erfahrung, dass die Zusagen, die Gott uns gibt, tragfähig und vertrauenswürdig sind, um darauf ein ganzes Leben zu bauen. Dafür stehen wir als Männer, die immerhin schon einige Höhen und Tiefen gemeinsam erlebt haben.

Bei Gründung unseres Unternehmens habe ich mal beiläufig zu unserem Notar gesagt: GmbH bedeutet für uns »Gesellschaft mit begründeter Hoffnung«. Ich weiß nicht, ob er es damals verstanden hast. Er hat auf jeden Fall kurz aus der Vertragsverlesung aufgeschaut und gelächelt. Er hat aber nicht weiter nachgefragt, was ich damit meine.

Wolfram und ich sind tief berührt von der erfahrbaren Liebe Gottes, die uns in Jesus Christus nahegekommen ist und die wir erkannt haben, so wie es das Neue Testament erzählt. Und so berufen wir uns immer wieder montags darauf, dass Jesus gesagt hat: »Wo zwei oder drei in meinem Namen versammelt sind, da bin ich mitten unter ihnen.« Wer das nicht glaubt, kann es gerne nachlesen in Matthäus, Kapitel 18, im Vers 20.

So treffen wir uns also montags zu dritt, und es gibt stets eine Menge zu hören, zu besprechen und auszutauschen. Oftmals sprechen wir über Begegnungen und Erfahrungen, über Menschen in unserem näheren und entfernten Umfeld. Wir nehmen gemeinsam Anteil an dem, was unsere Mitarbeitenden gerade beschäftigt. Wer hat gerade eine besondere persönliche oder jobbezogene Herausforderung zu lösen? Für all das ist Montagfrüh plötzlich Zeit.

Über die Jahre hat sich unser Montagsritual modifiziert. Zu Beginn unserer Unternehmensgründung sind wir um 6:00 Uhr gestartet. Das hat uns bis zur offiziellen Teamrunde um 8:30 Uhr genügend Zeit ermöglicht, unser junges Unternehmen zu gestalten. Einige Jahre sind wir um 6:30 Uhr gestartet und seit zwei Jahren, wo wir nicht mehr die operative Geschäftsführung innehaben, reicht uns der Beginn um 7:00 Uhr. Es geht uns auch nicht mehr so sehr um die vielen Worte. Die meiste Zeit schweigen und meditieren wir. Da ist eine natürliche Entwicklung erkennbar.

Bemerkenswert an unserem Montagsritual ist, dass uns Gott immer wieder Menschen ans Herz legt, für die wir beten sollen. Wir suchen uns diese Personen nicht selbst aus. Es geschieht durch Begegnungen in

Freizeit oder Beruf, dass diese Menschen ganz natürlich ihren Platz in unseren Gebetszeiten am Montag finden. Nicht, dass sie ein besonderes Problem hätten, von dem wir erfahren haben, oder dass sie eine besonders schwere Last tragen würden, sondern einfach weil uns klar wird, hier sind wir gemeint, für sie zu beten.

Nun würde man meinen, damit hätten wir über 30 Jahre eine Unzahl an Menschen, für die wir gebetet haben, bereits bedacht. Aber es ist bemerkenswert: Es ist nicht die Vielzahl an Menschen, sondern eher die Kontinuität unseres Gebetseinsatzes für eine überschaubare Anzahl an Personen. Ohne dass sie es wissen, segnen wir sie und wünschen ihnen Bewahrung und Gelingen und ebenfalls eine Begegnung mit der Güte Gottes, die wir so schätzen gelernt haben. Manche wissen von unserem Montagsgebet für sie, dass sie im Alltag nicht allein sind, und es ist schön zu hören, wenn wir in Begegnungen mit ihnen erfahren, was ihnen das bedeutet, dass sie Umbetete sind und von ihren guten Erfahrungen berichten. Manche wissen es nicht, dass wir zum Teil schon seit über 20 Jahren und länger jede Woche für sie beten. Wir empfinden das auch nicht als eine besondere geistliche Leistung, mehr als einen Auftrag, den wir so lange aufmerksam erledigen, bis der »Chef« sagt, wir sollen damit einfach mal aufhören.

Meine Erkenntnis: Suche dir gute Rituale, wenn deine Gemeinschaft Bestand haben soll. Dies gilt für deine private Lebenspartnerschaft genauso wie mit Geschäftspartnern. Du erkennst an den Früchten des gewählten Rituals, ob es förderlich oder eher behindernd ist. Bewahre die Guten, und die Mühseligen lass einfach fahren.

Eine Idee, die uns durchs Leben trägt

Michael Buttgereit // Ich weiß nicht, was Sie morgens aus dem Bett holt. Vielleicht ist es nur der Wecker oder irgendeine Pflicht. Wenn dem so ist, dann könnten Sie sich einmal die Frage stellen, was lohnend sein könnte, was Sie inspiriert durch den Tag tragen würde – damit Sie den Tag sinnvoll beginnen können. Offen gesagt, liege ich gerne morgens nach dem Wachwerden noch eine gewisse Zeit meditierend im Bett. Es ist der Zeitpunkt am Tag, wo noch keine Anforderungen an mich gestellt werden und ich ganz bei mir selbst sein kann. Da fliegen mir Ideen zu, ich kann den Vortag gedanklich wieder aktivieren, um gut auf die Beine und später in die Schuhe zu kommen. Manchmal liegen natürlich auch schwere Termine vor einem, Gespräche, die vermutlich unerfreulich sein werden. Das sind dann Tage, an denen man am liebsten ganz im Bett bliebe. Aber auf wundersame Weise habe ich das nie gemacht. Es gab immer diesen wertvollen Antrieb, der mich stets hat aufstehen lassen.

Als Wolfram und ich uns vor 30 Jahren die Frage gestellt haben, warum wir das, was wir tun, machen wollen, blieben die Antworten auf die Frage nach einer konkreten Beschreibung des tieferen Sinns zunächst diffus. Klar: wir wollten mit unserem Tun irgendwie einen wertvollen Beitrag für die Gesellschaft leisten. Aufgrund unserer Profession – »Wir sind Gestalter, kreative Köpfe« – hatten wir den Eindruck, dass wir Gott und der Welt helfen sollten, sich einfach besser zu verstehen. Kommunikationsdesign bietet dafür wunderbare Möglichkeiten. Es ist sehr erfüllend zu erleben, dass durch die eigene Arbeit neues Wachstum für Auftraggeber entsteht, Chancen für Gemeinschaften gestiftet werden und Menschen zueinanderfinden. Sinnvolle Projekte finden Unterstützung und Unternehmen erhalten mit ihren guten Angeboten eine angemessene Wahrnehmung.

Wenn wir uns jedoch die Frage stellen, was uns im Innersten bewegt, was unsere Quelle ist, die zu unserem langjährigen Antrieb führt, dann können wir dies heute mit drei Worten gut auf den Punkt bringen: *Vertrauensvolle Beziehungen gestalten.* Das drückt am einfachsten aus, was uns immer wieder antreten lässt, Höchstleistungen zu bringen. Denn unser Tun ist mehr als Geldverdienen oder die Freude am Problemlösen und Ideenfinden. Für uns könnte es nichts Besseres geben, als dass von uns irgendwann einmal gesagt würde: Sie haben einen besonderen Beitrag dazu geleistet, dass mehr Vertrauen zwischen den Menschen gewachsen ist. Dadurch sind wertvolle Beziehungen entstanden.

Denn darum geht es für uns in diesem Leben!

Damit leisten wir einen aktiven Beitrag *gegen* die natürliche Sogkraft von Egoismus und Selbstoptimierung. Wir glauben daran, dass der Mensch nur in der Beziehung zu anderen ganz er selbst werden und sein kann. Und Beziehungen zu gestalten, ist eine sehr anspruchsvolle Aufgabe.

Seien Sie skeptisch, wenn jemand heroisch postuliert, dass der »Mensch im Mittelpunkt« Anspruch und Ziel eines Unternehmens sei. Was soll der Mensch im Mittelpunkt, was kann er dort ausrichten und Gutes bewirken? Schauen wir uns an, was das anthropozentrische Weltbild in den letzten 500 Jahren angerichtet hat!

Es hat zu keiner guten Entwicklung für diesen Planeten und damit auch für uns selbst geführt. Ich bin zu der Erkenntnis gekommen, dass der Mensch im Zentrum eines Weltbildes nichts verloren hat, sondern dass die Beziehung in den Mittelpunkt gehört – denn aus ihr heraus kann bei Gelingen Großartiges möglich werden und Leben sich entfalten.

In der Begegnung mit einem Gegenüber muss sich dann wohl jeder Mensch die Frage stellen: »Will ich einen Nutzen aus dem Gegenüber ziehen oder einen Beziehungsraum eröffnen, der nur ein zentrales Ziel kennt: eine fruchtbare Gemeinschaft zwischen mir und dem anderen ermöglichen?« Dies gilt auch zwischen Mensch und Natur und letztlich zwischen Mensch und Gott.

Wolfram und ich haben selbst die Erfahrung gemacht, dass es eine Kunst ist, eine Beziehung zu gestalten, in der Respekt, ein guter Ausgleich an Interessen, Empathie, Fürsorge für den anderen, Verlässlichkeit und Loyalität entstehen. Wir sind als Menschen so tief gebunden in unseren Ängsten, Sorgen, Minderwertigkeitsgefühlen und der Sehnsucht nach Anerkennung und Liebe, dass es beinahe unmöglich scheint, eine Beziehung einzugehen, der man die Chance auf langjähriges Gedeihen zusprechen kann. Und tatsächlich sind wir uns des Öfteren auch selbst zur Enttäuschung geworden und mussten lernen, dass eine wachsende, stabile Geschäftsbeziehung nur gelingen kann, wenn wir einander auch immer wieder das jeweilige Versagen vergeben. Wir sind also alles andere als vom Leben besonders begabte Personen, denen es leichtfällt, neben langjährigen Ehen auch eine geschäftliche Beziehung über 30 Jahre möglich zu machen.

Es bedurfte einer gemeinsamen Entscheidung, ob wir Freunde brauchen, um unsere Geschäfte positiv zu entwickeln – oder ob wir gemeinsam Geschäfte machen, um Freunde zu werden, Freunde zu finden und diese Beziehungen vertrauensvoll zu gestalten. Mal ist das eine, mal das andere besser gelungen. Alles hat seine Zeit.

Unsere Welt ist zu schnell, um einem hohen Anspruch zu jedem Zeitpunkt und in allen Bezügen Folge zu leisten. Und wie oft sind wir Mitarbeitenden, Geschäftspartnern, Freunden, unseren Ehefrauen und unseren Familien auf diesem Weg etwas schuldig geblieben?

Wenn es auf der einen Seite gelungen ist, wurde es an anderen Stellen schwierig...

Wir haben selbst auf unserem Weg tiefe Enttäuschungen mit Menschen erlebt, die uns mit ihren glänzenden Versprechen oder undurchsichtigen Antrieben in die Irre geführt haben. Oft haben wir zu viel Vorleistung an Vertrauen investiert und wurden ausgenutzt. Das hat schwere Schäden am Unternehmen, im Team und bei uns als Menschen zurückgelassen. Vertrauensvolle Beziehungen zu gestalten, ist die eigentliche Kunst des Lebens, denn sie widerstrebt ständig unseren eigennützigen Antrieben.

Es scheint bei all den Erfahrungen leichter zu sein, als Egoist zu leben. Materieller Reichtum unterstützt die Unabhängigkeit von schwierigen Beziehungen. Aber im Tiefsten wird ein solches Leben auch immer einsam sein, da es an der eigentlichen Lebensbestimmung vorbeidriftet. Dessen sind wir uns gewiss! Wer sich aufmacht, Beziehungsräume zu gestalten, benötigt Mut und verliert die letzte Sicherheit, ob das eingesetzte Vertrauen am Ende gerechtfertigt sein wird. Dieses Risiko bleibt, wenn das Leben tief und innerlich reich werden soll.

Vertrauen bleibt trotz allem eine risikoreiche Vorleistung, aber es gilt deshalb gleichermaßen, sich als Gegenüber für andere vertrauenswürdig zu erweisen. Und auch hier wird deutlich, dass Vertrauen eine beidseitige Einzahlung in den Beziehungsraum darstellt. Mit dem Begriff und der Idee des Vertrauens wird eine Menge Schindluder getrieben, Missverständnisse und Manipulationen gehören dazu. Damit wird manche Verwerfung in der Beziehung unumgänglich. Deshalb sei diesem Thema hier noch ein kurzer Abschnitt gewidmet.

Die Regel sagt wohl, dass man Vertrauen nicht einfordern kann. Vertrauen gilt es sich zu erwerben. In einer Beziehung sollte es unser Antrieb sein, das Risiko für den anderen so gering wie möglich zu halten. Seien Sie vorsichtig, wenn Ihnen jemand ein schlechtes Gewissen zu machen versucht, indem er sagt: »Ich bin enttäuscht, dass du mir nicht vertraust«. Besser wäre die Frage: »Was hat dir gefehlt, weil du mir nicht vertrauen konntest?«

Natürlich gibt es Menschen, die eine pathologische Angst haben, Vertrauen zu wagen. Denen ist kaum zu helfen. Aber dennoch bleibt die Richtung klar: Meine Aufgabe ist es, eine vertrauenswürdige Person zu sein. Wenn mir jemand das Vertrauen ausspricht, bedeutet das, dass er genügend über mich als Mensch und meine Eigenschaften wahrgenommen hat, sodass sich sein Vertrauen auch begründet. Zutrauen ist der kleine Bruder des Vertrauens, denn es bezieht sich auf Fähigkeiten. So kann man zwar jemandem eine Aufgabe zutrauen, ohne Vertrauen in seine Person zu haben, und umgekehrt. Grundlage jeder Beziehung ist jedoch das Vertrauen. Sie ist die Währung in sozialen Gemeinschaften. Wenn sie verfällt, bleibt nichts Lebenswertes zurück.

Zutrauen ist der kleine Bruder des Vertrauens, denn es bezieht sich auf Fähigkeiten.

Die beste Botschaft der Welt

Wolfram Heidenreich // Wir kennen Botschafter insbesondere aus der politischen Welt, als oberste Beauftragte und Vertreter*innen eines Staates in einem anderen Land oder bei einer internationalen Organisation. Sie sind persönliche Repräsentant*innen des Staatsoberhauptes ihres Landes und vertreten dessen Interessen gegenüber dem Gastland.

Unter einer Botschaft versteht man einerseits die diplomatische Vertretung am Regierungssitz eines andern Staates, aber auch allgemein eine wichtige, für den Empfänger bedeutungsvolle Nachricht, die durch einen Boten überbracht wird.

Als »Gute Botschaft« bezeichnet das Christentum die Nachricht, die der Gott, den die Bibel beschreibt und den Jesus als seinen Vater bezeichnet, an die Menschen richtet. Diese Botschaft an andere weiterzugeben, sie zu verkündigen, verstehen Christen als ihre Aufgabe. Im altgriechischen Wort »Evangelium« klingt »ángelos« mit – die Bezeichnung für »Engel«, Boten, Gesandte.

Alle diese Zusammenhänge und Bilder spielen eine Rolle, als wir die Idee entwickeln, unser Unternehmen »Gute Botschafter« zu nennen. Bislang firmieren wir als Agentur »Buttgereit und Heidenreich«. Wir dachten aber an eine Zukunft, in der andere das Ruder übernehmen sollen, und suchten deshalb nach einem Namen, der auch von der nächsten Generation problemlos verwendet werden kann. Außerdem wollen wir, dass der Name beim Gegenüber ein Bild erzeugt, eine Idee von dem vermittelt, was unser Anliegen ist. Die Beschreibung unseres Markenkerns sollte sich darin widerspiegeln.

Der »gute Botschafter« sorgt idealerweise mit kluger und gelingender Kommunikation dafür, dass vertrauensvolle Beziehungen entstehen. Dies gilt auf allen Ebenen: in der Politik, in der Markenkommunikation, in den Beziehungen zu den Mitarbeitenden einer Unternehmung oder einer sozialen Organisation … Es ist auch ein Thema der Kirchen, für die wir schon so manches Kommunikationsprojekt bearbeitet haben.

Im Neuen Testament der Bibel schreibt der Apostel Paulus in einem Brief an eine Gemeinde (2. Korintherbrief 5, 20/21, frei übersetzt): »Wir Christen sind Botschafter für Christus und verkünden in seinem Namen: Lasst euch mit Gott versöhnen.«

Wie ein roter Faden zieht sich ein Thema durch die in der Bibel überlieferten Geschichten: Da ist ein Gott, der nicht unerreichbar ist, sondern in Beziehung mit Menschen tritt.

»Versöhnen« ist ein heute nicht mehr so gebräuchliches Wort, beschreibt dieses Miteinander-in-Beziehung-Leben, obwohl man auf ganz unterschiedlichen Ebenen unterwegs ist, aber sehr anschaulich. Auf der einen Seite ein Gott, der in der Bibel als Vater beschrieben und sogar mit »Papa« angeredet wird. Einer, der alles dafür tut, um Begegnung zu ermöglichen. Das gipfelt darin, dass Jesus als Mensch und Sohn Gottes vor 2000 Jahren mitten unter den Menschen lebt und sagt: »Wer mich sieht, sieht meinen Vater« (Johannesevangelium 12,45). Und auf der anderen Seite wir Menschen, die sich dem nähern: skeptisch, ablehnend, vertrauensvoll… Mit all dem, was jede und jeder ganz persönlich an Erwartungen, Sehnsüchten, offenen Fragen, Enttäuschungen und Schuldvorstellungen mit sich schleppt, ist das Wort »versöhnen« eine notwendige, eine gute Brücke. Dass Gott alle Menschen liebt, dass er ihnen trotz mancher Enttäuschungen treu zur Seite steht, dass Schuld Vergebung erfährt – das alles ist eine wunderbare Nachricht – eine gute Botschaft!

Die Glaubenden in der Welt sind damit betraut, diese gute Botschaft zu verbreiten. Im Johannesevangelium ist von Jesus dazu auch die Idee überliefert, in welchem Geist, mit welchem Charakter dies passieren kann. Er sagt: »Daran wird jedermann erkennen, dass ihr meine Jünger seid, wenn ihr Liebe untereinander habt« (Joh 13,35).

Von Anfang an haben wir in unserem Unternehmen nicht nur für Unternehmen der Wirtschaft, der Kultur und für staatliche Organisationen gearbeitet, sondern auch mit etwa der Hälfte unserer Zeit und Kraft für Projekte in der kirchlichen Welt. Dabei ging es um Kampagnen der verschiedensten Kirchen, um Diakonie und Caritas und um die christlichen Hilfswerke, zu denen *Brot für die Welt,* Misereor, die Kindernothilfe und viele andere gehören.

Am spannendsten und herausforderndsten fanden wir es immer wieder, wenn es dabei ganz direkt um die gute Botschaft des Evangeliums ging. Irgendwie scheint es manchmal so, als ob in unserem Kulturkreis viele manches von dieser Botschaft längst kennen. Aber wenn man genau hinsieht, gibt es zunehmend Wissenslücken, gleichzeitig aber auch Bedarf und Nachfrage.

Die Frage nach dem Sinn unseres Lebens wird immer häufiger gestellt, denn vieles ist ins Wanken geraten. Laut einer Studie des Rheingold-Institutes (einem der führenden Marktforschungsunternehmen in Deutschland) zeigte sich in einer tiefenpsychologischen Exploration, dass bei allen Befragten, auch denen, die vordergründig Atheisten sind, ein Volks- oder Alltagsglaube wirksam ist. Dieser Volksglaube ist oft relativ diffus, aber sehr wirksam und von großer Bedeutung für die Lebensführung! Volksglaube ist tatsächlich ein kollektives Kulturgut. Die Kommunikationsherausforderung bleibt aber bestehen. Das Evangelium kann weiter Botschafter gebrauchen.

Eine gute Idee von Martin Luther

Wolfram Heidenreich // Fünfzig Presse-Fotograf*innen haben sich vor uns aufgebaut, teilweise sind sie mit Trittleitern ausgerüstet, es beginnt ein Blitzlichtgewitter, das erst einmal kein Ende nimmt. Die Fotograf*innen rufen: »Bitte hierhin schauen«, »Nein, hierhin«.

Gemeinsam mit Harald Glööckler stehe ich in der St.-Matthäus-Kirche in Berlin Mitte. Die BILD-*Zeitung* titelt am Abend: »Oh mein Gööttt – jetzt macht ER auch noch Bibeln!« Auf den Displays in den U-Bahnen steht die Schlagzeile: »Bibelstunde mit Harald Glööckler«.

Er ist eine der bekannten Persönlichkeiten, die einen Schmuckschuber für die Lutherbibel 2017 gestaltet haben. Anlass ist das 500-jährige Jubiläum der Reformation. Zu diesem Ereignis hat die Stiftung Deutsche Bibelgesellschaft eine Revision – eine Aktualisierung – der Lutherbibel herausgegeben. Ein Projekt, das normalerweise nur ein theologisches oder kirchliches Fachpublikum interessiert.

Intensiv haben wir uns in den letzten eineinhalb Jahren in das Projekt eingearbeitet und uns die Frage gestellt, wie wir am besten die »neue« Lutherbibel in Szene setzen, damit sie bekannt und möglichst weit verbreitet wird. Die Pressekonferenz heute früh ist eines der Mosaiksteinchen der Kampagne.

Die Geschichte der Reformation, all ihre Begleiterscheinungen und Auswirkungen bis in unsere Zeit hinein sind faszinierend. Allein im Jubiläumsjahr sind mehrere Hundert Bücher dazu erschienen. Und wir alle sind mehr von dem, was wir heute »Reformation« nennen, geprägt, als die meisten ahnen.

Ebenfalls faszinierend finde ich, dass Martin Luther eine Reihe von Begriffen erfunden hat, die für uns heute ganz selbstverständlich und bedeutsam sind. Der Reformator betonte z.B. die Gleichwertigkeit weltlicher und geistlicher »Berufe« – dahinter sah er jeweils eine »Berufung«. Nach Auffassung Martin Luthers sollte jeder an dem Platz, wo er arbeitet, sowohl in der Kirche, aber genauso auch im Handwerk oder in der Landwirtschaft, Gott dienen. Dabei ging es ihm darum, die Würde aller Berufe zu betonen und dass Arbeit sinnstiftend für uns ist. So ist bis heute das Wort »Beruf« mit dieser Bedeutung Teil unserer Alltagssprache geworden – eine Wortfindung Martin Luthers. Wenn wir von »Beruf« sprechen, knüpft das an seine schöne Idee an: Arbeit ist etwas Gutes, sie gibt unserem Leben Sinn.

Harald Glööckler gehört mit seiner auffälligen Erscheinung zu den schillerndsten Persönlichkeiten im Lande. Er ist selber zu einem Markenzeichen geworden und kreiert neben Mode auch Schmuck, Möbel und Tapeten – einen kompletten Lifestyle. Auch seine Kunstwerke erfahren internationale Beachtung. Auf dem nach seinen Vorstellungen gestalteten Schmuckschuber für die Lutherbibel hat er sich selbst in eine paradiesische Szene gesetzt. Das trifft nicht jedermanns Geschmack und führt schon im Vorfeld der Drucklegung zu manchen Kontroversen.

In der persönlichen Begegnung habe ich Harald Glööckler – ganz im Kontrast zu der üppig barocken Erscheinung seiner Kunstfigur – als einen sensiblen, nachdenklichen und liebevollen Menschen kennengelernt. In einem Filminterview, das wir mit ihm gedreht haben, beschreibt er, dass er das Leben und alles, was es ausmacht, als Geschenk Gottes sieht. Mit dieser Vorstellung kommt er dem Weltbild Martin Luthers sehr nah. Dessen Erkenntnis, die die Welt verändert hat, kann man so zusammenfassen: »Das Leben ist Gnade, ein Geschenk. Wir sind freie Menschen.« Das hat er beim Lesen der Bibel entdeckt. Es gab ihm den Mut, gegen die damals herrschende Obrigkeit aufzustehen, die den Menschen diese persönliche Freiheit nicht zugestehen wollte.

Nun stehen wir in der St.-Matthäus-Kirche. Dass Harald Glööckler ein Bibelkenner – und -liebhaber – ist, hatten viele nicht erwartet. Das Thema reizt die Presse offenbar wegen des ungewöhnlichen Kontrastes zwischen seinem Äußeren und seinem Image und der »heiligen Bibel«. Entsprechend groß ist die Resonanz und damit die Aufmerksamkeit für die Lutherbibel 2017.

Die zum 500. Reformationsjubiläum unter anderem mit verschiedenen Schmuckschubern erschienene Lutherbibel 2017 wird ein Bestseller. Mehr als 670 000 Exemplare werden verkauft.

Foto: © Marc Theis

Foto: © Ruth Kappus

EDITION
KLAUS MEINE

SIEHE, ICH SENDE EINEN ENGEL VOR DIR HER, DER DICH BEHÜTE AUF DEM WEGE …
2. Mose 23, Vers 20

EDITION
PETER
GAYMANN

DEN SEINEN GIBT'S DER HERR IM SCHLAF.
Psalm 127, Vers 2

EDITION
JÜRGEN
KLOPP

ICH HABE DICH JE UND JE GELIEBT, DARUM HABE ICH DICH ZU MIR GEZOGEN AUS LAUTER GÜTE.
Jeremia 31, Vers 3

EDITION
WOLFGANG
DAUNER /
RANDI BUBAT

LOBET IHN MIT POSAUNEN, LOBET IHN MIT PSALTER UND HARFEN! LOBET IHN MIT PAUKEN UND REIGEN, LOBET IHN MIT SAITEN UND PFEIFEN!
Psalm 150, Verse 3 und 4

EDITION
USCHI GLAS

VON ALLEN SEITEN UMGIBST DU MICH UND HÄLTST DEINE HAND ÜBER MIR.
Psalm 139, Vers 5

Foto: © Dr. Julia Hümme

ITION
NOSCH

**IST NICHT
T, DASS
R MENSCH
LEIN SEI.**
*Iose 2,
s 18*

EDITION
MARGOT
KÄSSMANN

**DER ENGEL
SPRACH ZU DEN
FRAUEN:
FÜRCHTET
EUCH NICHT!**
*Matthäus 28,
Vers 5*

EDITION
HEINRICH
BEDFORD-
STROHM

**DER HERR IST
DER GEIST; WO
ABER DER GEIST
DES HERRN IST,
DA IST FREIHEIT.**
*2. Korinther 3,
Vers 17*

EDITION
ARMIN
MUELLER-STAHL

**GOTT IST UNSRE
ZUVERSICHT UND
STÄRKE, EINE
HILFE IN DEN
GROSSEN NÖTEN,
DIE UNS GETROF-
FEN HABEN.**
Psalm 46, Vers 2

EDITION
HARALD
GLÖÖCKLER

**DU ERNTEST,
WO DU NICHT
GESÄT HAST,
UND SAM-
MELST EIN,
WO DU NICHT
AUSGESTREUT
HAST.**
*Matthäus 25,
Vers 24*

Die Lutherbibel: von Anfang an und bis heute ein Bestseller. Im Reformationsjubiläumsjahr 2017 erscheint die Lutherbibel mit einer Reihe von Schmuckschubern, die wir mit prominenten Persönlichkeiten gestaltet haben.

Gremium ist selten Premium

Michael Buttgereit // Bei der erfolgreichen Positionierung von Ideen, Unternehmen und Marken hat die genaue Beschreibung, was diese denn einzigartig oder wertvoll machen, eine besonders große Bedeutung. Der Vorteil, den man verspricht, muss angemessen und möglichst leicht verständlich zum Ausdruck gebracht werden. Was die eigene Idee, das Unternehmen oder das Produkt von anderen unterscheidet oder besser noch: warum es für jemanden lohnend ist, sich damit näher zu beschäftigen. Vordergründig scheint diese Aufgabe einfach, denn jeder, der den Anspruch erhebt, mit seinen Anliegen gehört zu werden, sollte zumindest erklären können, warum dies notwendig und sinnvoll ist.

Wenn man über viele Jahre mit solchen Beschreibungsprojekten konfrontiert ist, erkennt man jedoch die Tücken, die in diesen Entwicklungen liegen können…

Eines unserer ersten gemeinsamen Projekte ist für Wolfram und mich die Gestaltung der Kommunikationsmittel für ein Jubiläumsjahr der Bibel.

Die Ausschreibung liegt auf dem Tisch, und in einem der ersten Aufgabenblöcke ist zu lesen: »Wir wünschen uns … einen markanten und griffigen Slogan, der das besondere Anliegen und die Bedeutung des Buches der Bücher öffentlichkeitswirksam zum Ausdruck bringt.« Ein intensiver Dialog beginnt: Es geht ja nicht um irgendein Buch, dessen Existenz gewürdigt werden soll, oder einen Bestseller, der verkaufsfördernd an den Mann und die Frau gebracht werden soll. Nein, es ist das Buch, das die Menschen seit 2000 Jahren wie kaum ein anderes geprägt und inspiriert, Orientierung und Hoffnung geschenkt hat.

Die Bibel erzählt die Geschichte Gottes mit den Menschen. In großen Bildern und beeindruckenden persönlichen Zeugnissen wird uns vor Augen gestellt, wie es um das Verhältnis zwischen uns und Gott bestellt ist. Dass wir auf die Beziehung zu unserem Schöpfer angewiesen sind. Und dass diese Gemeinschaft, die die Fülle des Lebens verspricht, leider auch bedroht ist. Die Bibel ist das Buch des Ringens und Aufbegehrens, der Selbstsucht und auch der Einsicht. Es geht um Umkehr, Erbarmen, die Güte und Liebe Gottes. In den Erzählungen des Neuen Testaments manifestiert sich sein finales Versprechen vollkommener Gnade.

Hier entdecken Wolfram und ich letztendlich die inhaltliche Spur für den Slogan: Die Bibel ist zusammengefasst das große Versprechen Gottes. Es ist unumstößlich, verlässlich und belastbar. Der Schöpfer des Universums macht uns ein ultimatives Versöhnungsangebot auf immer. Darin begründet sich die Bedeutung der Bibel.

Aber wie bringt man das in wenigen Worten auf den Punkt? Und das auf eine Art und Weise, die zur inhaltlichen Auseinandersetzung einlädt. Spannend, weil man das so vielleicht noch nie gesehen und gehört hat. So, dass es ein persönliches Versprechen wird.

Wir fassen diese Zusage so zusammen:

Ein Gott! Ein Wort!

Das Jahr mit der Bibel …

Wir sind begeistert von dem, was uns in einigen Tagen und mit wenigen Wörtern gelungen ist. Alles ist inhaltlich und gestalterisch gut aufbereitet. Ein überzeugendes Gesamtkonzept, wie wir meinen. Der Termin für die Einreichung des Konzeptes rückt näher. Wir sind gespannt, wie das Gremium darauf reagiert. Erwartungsfroh, weil wir von der Lösung, die wir entwickelt haben, überzeugt sind.

Einige Wochen später erhalten wir ein Schreiben, in dem steht, dass sich das Gremium nicht auf unseren Vorschlag verständigen konnte. Nach längerem Ringen hat man selbst folgenden Text gewählt:

Mehr als ein Buch!

Das Jahr mit der Bibel ...

Ein nebulöses Versprechen, das von jedem selbst inhaltlich gefüllt werden muss. Und aus unserer Sicht ein typisches Beispiel für einen schwachen Slogan, dem die Einzigartigkeit fehlt.

Denn es gibt sehr viele Unternehmens-Slogans, die mit den Worten »Mehr als...« beginnen. Ein Slogan-Phänomen, dem wir auf die Spur gekommen sind. »Mehr als...« kann man vor jede Dienstleistung und jedes Produkt stellen. Ein unklares Versprechen für einen Mehrwert, auf den sich Gremien, die solche Slogans verabschieden, scheinbar öfters einigen können. Warum, liegt auf der Hand. Das, was etwas im Wesentlichen ausmacht, muss bei der Entscheidungsfindung gar nicht diskutiert oder erklärt werden. »Mehr als...« ist der Nenner, auf den sich jede und jeder in einem Abstimmungsprozess verständigen kann, weil man sich dabei auf keinen bestimmten Inhalt festlegt.

Darum merke: Slogan-Entscheidungen, bei denen es um die Kraft einer Idee, Nutzen und Einzigartigkeit geht, gehören in kein Gremium; denn »Gremium ist selten Premium«, wie es ein Kollege einmal formuliert hat.

Von der größten aller Ideen

Michael Buttgereit // Beim Durchwandern der unendlichen Landschaft unserer Fantasie begegnen uns Versatzstücke von Bildern, Botschaften, Farben und Formen, die uns den ganzen Tag und – wenn nötig – auch die ganze Nacht zur Verfügung stehen. Die Tür zu unserer Fantasie steht immer weit offen. Wir müssen weder Eintritt zahlen noch uns in einer Warteschlange anstellen. Wann immer wir eintreten, scheint sich der Eingang an einem neuen Ort zu befinden. Ganz andere Dinge fallen uns vielleicht ins Auge, werden uns wichtig und bedeutsam. Wir könnten unsere Fantasie mit einem unendlich großen Theaterraum vergleichen. An den verschiedensten Stellen entdecken wir Kulissenteile, die an konkret Erlebtes erinnern, skurrile Verkleidungen, Masken und Kostüme. Aber auch konkrete Szenen und Bild-Collagen des Zukünftigen werden in unserer Fantasie mal eben aufgeführt, wenn wir es wollen. Es bedarf keinerlei Umbauzeiten auf der imaginären Bühne, alles ist sofort verfügbar. Und sollte uns doch etwas fehlen, dann wird es kurzerhand herbeifantasiert. Manchmal entstehen noch schemenhaft bestimmte »Vorstellungen« vor unserem inneren Auge.

Die Realität, in der wir leben, die den Bedingungen von Schwerkraft und Materie, von Zeit und Raum oder Kategorien wie »Kaufen oder Verkaufen?« unterworfen ist, wäre ein trauriger Ort, wenn wir nicht Gutes aus dem fantastischen Raum unserer Vorstellungskraft in den »realen Raum« mit hinüberretten könnten. Wir benötigen das Spielerische, Zweckfreie in unserem Leben, damit wir die Zumutungen und Härten abfedern und das Dasein mit dem Schönen bereichern können.

Wenn ich gelegentlich mit dem Auto von Haltern am See in Richtung Köln fahre, gibt es an einer Kreuzung eine Ampel, die eine außergewöhnlich lange Rotphase hat. Und während ich auf Grün warte, treten sie auf, die Gaukler und Jongleure, die ihre Straßenkunst für eine kurze Zeit zum Besten geben. Poetische Beiträge, die begeistern und an die Würde unseres Menschseins erinnern. Sie entführen mich für eine Minute in einen zweckfreien Raum, der sich vor mir auftut. Die Künstler*innen scheinen mir mit ihren Darstellungen zuzurufen: »Das Leben ist bunt, und es gibt so viele Möglichkeiten, es auf eine gute Weise zu verbringen. Nicht nur erdgebunden und schwer. In jedem Fall ist das Leben viel mehr als der schwierige Termin, zu dem du unterwegs bist.

Ich bin dankbar dafür, dass es diese heilsame Unterbrechung des Alltags gibt, und nicht selten wandert ein Geldstück aus der Mittelkonsole meines Autos in den Hut der vorbeieilenden Künstler, die gerne auf Applaus verzichten, wenn sie nur ein wenig Anerkennung des Publikums durch das runtergefahrene Seitenfenster erhalten.

Diese Zeiten sind für mich tröstlich, weil sie mich daran erinnern, dass wir alle diesen inneren Reichtum besitzen, eine unbegrenzte Freiheit der Fantasie. Etwas, was wir in diesem Leben zum Ausdruck bringen können. Viele sehnen sich nach einem solchen, weitgehend ungebundenen Sein, einem Leben, das nicht abhängig ist von Terminen. Aber wie oft haben wir das Gefühl, mit der eigenen Existenz am falschen Ort oder in der falschen Zeit zu sein? Die unbarmherzigen Gesetzmäßigkeiten des Lebens, das unfreiwillige Hineingeworfensein, werden, wenn wir uns die Zeit nehmen, der Fantasie und der Kreativität Raum zu geben, verändert. Wir sind eingeladen, das Leben als Fest zu verstehen und zu feiern.

Unsere Fantasie eignet sich nur unzureichend als Ort heilsamer Weltflucht. Wir können in diesem Fundus an faszinierenden Bildern nur für eine begrenzte Zeit leben. Sie ist nicht als dauerhafter Rückzugsort gedacht.

Es gibt Dimensionen des Lebens, die zu groß und zu weitreichend sind, als dass wir sie uns ausmessen und vorstellen könnten. Und all meine Fantasie reicht nicht aus, das Wunder des Lebens ganz zu erfassen und zu deuten. Auch die Vorstellungen, die wir von Gottes Existenz, seiner Liebe oder der Ewigkeit haben, sind naturgemäß unzureichend. Die gesamte Dimension können wir mit unserem Verstand nicht fassen. Kann es etwa Wunderbareres geben, als wenn das zutiefst Begehrte größer ist als unsere Vorstellungskraft?

Wie alles begann

Michael Buttgereit // Wenn man uns fragt, wie wir uns kennengelernt haben, dann beginnt unsere Erzählung gerne damit, dass wir beide an der gleichen Hochschule studiert haben, uns dort jedoch nie begegnet sind. Es darf auch gesagt werden, dass Wolfram drei Jahre älter ist als ich. Er hatte sein Studium bereits erfolgreich abgeschlossen, als ich im Alter von 18 Jahren bewundernd die Ausstellung der Absolventen, auch Wolframs Abschlussarbeit, im Foyer der Hochschule sah.

Wenn man etwas ungeschickt auf die Schienen des Lebens gestellt wird, gibt es sehr früh manchen Verschleiß an tragenden Teilen … Meine Lebenskraft schien jedenfalls früher zu ermatten als gemeinhin vorgesehen. Im Alter von 25 Jahren befand ich mich noch immer an der Hochschule, in einer tiefen Depression gefangen und ohne Antrieb und Idee für eine aussichtsreiche Zukunft. Im Gegenteil, eine langjährige Liebesbeziehung zerbrach, ich zog mich über ein halbes Jahr komplett zurück und ging nicht mehr vor die Tür. Meine Lage spitzte sich derart zu, dass sich immer mehr Suizidgedanken einstellten.

Ein Mitstudent, Albert Müllenborn, sah mein Elend und hatte die gute Idee, mich zu sich nach Hause zu einem Abendessen einzuladen. Ich folgte der Einladung ohne jeden Antrieb. Albert hatte früh geheiratet und bereits eine Familie mit drei Kindern. Ich wusste, dass er christlich geprägt war und seinen Glauben aus tiefster Überzeugung lebte. Albert nahm sich Zeit, meine Geschichte zu hören und die Umstände zu verstehen. Als er mir vorschlug, meine aussichtslose Lage Gott vorzutragen, war ich überrascht. Ich wollte davon nichts weiter hören und war auch ein wenig enttäuscht, dass er anscheinend den Ernst meiner Lage nicht wirklich zu erkennen schien und durch ein bisschen religiösen Hokuspokus zu beruhigen suchte.

Ich stelle einige Fragen in der Hoffnung, dass Albert schnell die Argumente ausgehen würden, aber er hatte stets gute Einwände, und seine ruhigen Augen ließen darauf schließen, dass er wirklich daran glaubte, was er sagte. Mehr noch, er schien aus eigener Erfahrung zu sprechen. Je mehr ich versuchte, der Situation innerlich zu entkommen, umso mehr begann die Hoffnung ganz zart in mir aufzuleuchten, dass diese unglaubliche Geschichte von Jesus, die Albert vor mir ausbreitete, vielleicht einen wahren Kern beinhaltete, von dem auch ich profitieren konnte. Das Gespräch dauerte bis zum frühen Morgen. Um 3:00 Uhr des neuen Tages betete ich mein erstes aufrichtiges Gebet, ohne auch nur ansatzweise daran zu glauben, dass von da an mein Leben grundlegend neu werden würde. Doch es begann an diesem Morgen ein Weg voller wundersamer Ereignisse. Und ich lernte in den nächsten Wochen neue Menschen kennen – Christen, die mich in ihren Hauskreis einluden. Ich spürte dort in der Begegnung mit Menschen und Gott eine neue Kraft und Hoffnung, wie ich sie nie zuvor wahrgenommen hatte oder für möglich geglaubt hätte.

Albert war seit einigen Jahren Mitglied im »RAD«, einer Gemeinschaft von »Christen in künstlerischen Berufen«. Beeindruckende Persönlichkeiten, Architekt*innen, Designer*innen, Schriftsteller*innen, Maler*innen, Bildhauer*innen, Schauspieler*innen und Musiker*innen treffen sich regelmäßig. Albert stellte mich in der Fachgruppe Design, der ich mich zugehörig fühlte, Wolfram Heidenreich vor.

Obwohl Wolfram und ich grundverschiedene Charaktere sind, gibt es eine Menge Parallelen in unseren Familiengeschichten, die uns besonders aufeinander aufmerksam machten. Von da an begann im Jahre 1989 unsere Zweierschaft, die bis heute andauert.

Ich hatte 1986 mein Studium mit einer spektakulären Image-Kampagne zur Bibel abgeschlossen. Die Geschichten rund um das Entstehen dieser Arbeit wären ein eigenes Buch wert. Nach dem Zivildienst bin ich 1988 in meine Selbstständigkeit gestartet. Als ich Wolfram kennenlernte, hatte er bereits seit zwei Jahren sein eigenes Büro mit ersten Mitarbeitenden in Mainz, und es dauerte weitere drei Jahre, bis die Idee aufkam, ein gemeinsames Büro in Erwägung zu ziehen.

1992 war es dann so weit: Wolfram zog samt Familie und Mitarbeitenden in unser erstes gemeinsames Büro in die Seestadt Haltern. In diesem Buch blicken wir auf 30 Jahre gemeinsamen Arbeitens und Lebens zurück. Ein Weg tieferer Erkenntnisse über das, was im Leben zählt. Eine Reise voller Zweifeln und Staunen, die das Ziel hat, die Welt ein bisschen besser zu machen.

Danke

In den über dreißig Jahren unserer Unternehmensgeschichte hat es unzählige intensive Begegnungen mit Menschen gegeben, und aus ganz vielen sind Freundschaften geworden – Teammitglieder, Kundinnen und Kunden, Partnerinnen und Partner, Lieferanten, Beraterinnen und Berater ... am liebsten würden wir sie alle hier mit Namen erwähnen. Ihnen allen danken wir sehr. Ihr habt uns herausgefordert, gefördert, und ihr habt uns und das Unternehmen getragen und geprägt. Wir danken unseren Familien und unseren Frauen, Christa und Ellen, die uns trotz mancher zeitlicher Entbehrungen und auch mancher Lücken, weil der Kopf gerade mal wieder woanders war, begleitet und ermuntert haben, auf unserem Weg weiterzugehen.

Wir danken Michael David und Daniel Hambach, unseren Freunden, Kollegen und Nachfolgern. Ohne Euch würde es die Guten Botschafter so nicht geben und vor allem in Zukunft nicht mehr geben. Ihr lebt das Credo der Guten Botschafter nun weiter: »Lasst uns aufhören zu glänzen und anfangen zu leuchten.«

Wir danken der Künstlergemeinschaft DAS RAD, ohne die wir uns nicht begegnet wären. Und wir danken für das Geschenk unserer Begabungen, unserer schöpferischen Kräfte und der Freude daran, Dinge zu entwickeln und Aufgaben zu lösen. Denn wir wissen, die wesentlichen Dinge können wir nicht machen, sondern nur empfangen.

Michael Buttgereit und Wolfram Heidenreich

Foto: Johannes Ritter

Viten

Michael Buttgereit, Jahrgang 1961, Diplom-Kommunikationsdesigner, Speaker; Gründer und viele Jahre Geschäftsführender Gesellschafter der Agentur »Gute Botschafter«. Seit Sommer 2023 ist er Professor für Nachhaltiges Kommunikationsdesign an der ecosign in Köln. Er ist Vorstandsmitglied im Verein DAS RAD (Christen in künstlerischen Berufen). Der Autor ist verheiratet, hat zwei erwachsene Töchter und lebt in Haltern am See.

Wolfram Heidenreich, Jahrgang 1958, Diplom-Kommunikationsdesigner, Gründer und viele Jahre Geschäftsführender Gesellschafter der Agentur »Gute Botschafter«. Zahlreiche Designprojekte der Agentur erhielten nationale und internationale Auszeichnungen. Der Autor ist Mitglied im Verein DAS RAD (Christen in künstlerischen Berufen), verheiratet, hat drei erwachsene Kinder und lebt gemeinsam mit seiner Frau in Haltern am See.

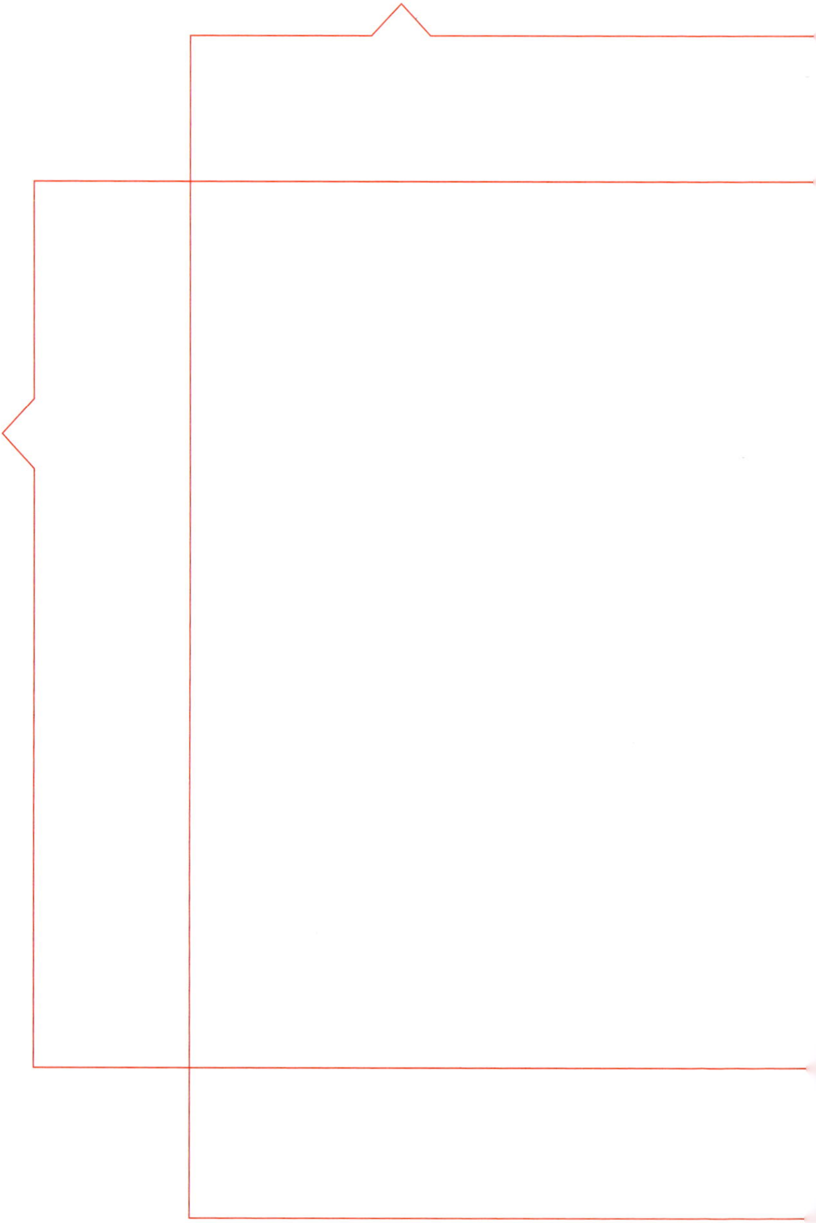

Der Verlag weist ausdrücklich darauf hin, dass im Text enthaltene externe Links vom Verlag nur bis zum Zeitpunkt der Buchveröffentlichung eingesehen werden konnten. Auf spätere Veränderungen hat der Verlag keinerlei Einfluss. Eine Haftung des Verlags ist daher ausgeschlossen.

Besuchen Sie uns im Internet:
www.bene-verlag.de

FSC www.fsc.org MIX Papier | Fördert gute Waldnutzung FSC® C011124

Originalausgabe März 2024

Ein Imprint der Verlagsgruppe
Droemer Knaur GmbH & Co. KG, München.

Lektorat: Stefan Wiesner
Gestaltung: Michael Buttgereit und Wolfram Heidenreich
Satz: Maike Michel
Druck und Bindung: Mohn Media Mohndruck GmbH, Gütersloh
ISBN 978-3-96340-185-5

5 4 3 2 1